De Reina a princesa

DESCUBRE TU VERDADERA IDENTIDAD

Dedicatoria

Quiero dedicar este libro a mi mamá, Amneris Díaz, quien siempre quiso ser modelo y reina de belleza. Fue ella quien me motivó a entrar al mundo del modelaje y posteriormente al campo de las comunicaciones. Ella siempre creyó en mí, me impulsó a ser una mujer fuerte y me motivó a luchar por mis sueños. Pero, sin darse cuenta, lo más importante que me enseñó fue a ser una mamá presente en la vida de mis hijos. Mami, somos tan iguales y a la vez tan diferentes; gracias por siempre creer en mí, a pesar de no estar de acuerdo en todo.

A mi amado esposo, Gabriel Alicea, quien supo ver más allá de lo físico y por más de 12 años me ha amado con intensidad y ha cuidado mi corazón. Te amo, Gaby, gracias por amarme tal como soy, por llenarme de tanto amor y alegría, por creer en mí e impulsarme a cada día ser mejor. Eres una pieza clave en mi transformación de reina a princesa.

A mis hijos, Abner y Ryan, por ustedes dejé los tacones y me puse tenis, aprendí a ser más feliz, a disfrutar cada día, cada etapa, cada aventura. Gracias por hacerme mamá y otorgarme el título más importante en mi vida. ¡Los amo!

A Dios, quien tomó mi corazón y lo transformó, quien me quitó la corona de reina y me dio una más valiosa, una corona de princesa. Le agradezco que me haya encontrado para mostrarme quién soy en realidad. Hoy puedo decir que soy hija de un Rey que me formó, me salvó y cuida siempre de mí. Y si Él es mi padre, quiere decir que yo soy su hija. ¡Soy una princesa!

Agradecimientos

"Ser agradecida enfoca mi corazón en las bendiciones, sean grandes o pequeñas. Ser agradecida me hace feliz, porque puedo valorar lo que tengo, sin pensar en lo que me falta".
-Amneris Meléndez

Gracias a mi esposo, sin ti mi historia sería tan diferente. Eres la pieza que me faltaba. Gracias por amarme y dejarte amar. Te amo.

Gracias a mis hijos, quienes me inspiran a ser mejor cada día, a luchar y demostrarles que los sueños se hacen realidad si trabajas por ellos.

Gracias a mis autores independientes, por ser valientes y atreverse a publicar sus libros. Gracias por la confianza que me han dado al permitirme editar sus libros y asesorarlos en todo el proceso de publicación. Poder impulsar a otros escritores es un privilegio que Dios me ha dado, el cual agradezco y valoro.

Gracias a mis lectores. A ti que tienes este libro en tus manos y por medio de la lectura abres tu corazón para que yo pueda compartirte mis historias y reflexiones.

Estoy agradecida porque puedo ser parte de tu historia, mientras lees la mía.

Endosos

Si algo admiro y considero valioso en un ser humano es que sea genuino. Sin duda, Amneris posee esta hermosa cualidad. A través de las páginas de este libro conocerás a una amiga que se acerca a ti con sencillez y honestidad. Sin palabras rebuscadas, ni reservas, nos presenta su experiencia de vida y la utiliza para enseñarnos el valioso sitial que el Rey ha preparado para sus hijas. Día a día encontrarás palabras que colocarán un espejo delante de ti, para viendo la mujer que eres, le des la bienvenida a la imagen gloriosa a la que Dios te ha llamado.

Christy Muller
Autora de *Una vida mejor* (Editorial Vida)
Productora de Nueva Vida 97.7

Nunca fui reina de belleza; mi apariencia no daba para tanto. Mi única opción habría sido ser Reina de Corazones en uno de los grados primarios. Era alcanzable, ya que la candidata solo tenía que vender boletos, creo que a diez centavos, para contribuir al fondo de la clase graduanda. La que más vendiera resultaba electa. Pero para lograr esa proeza hacía falta una de esas mamás que se abren paso a codazos si es necesario, para que su retoño ocupe el primer lugar, y la mía no era una de ellas. Temprano en la vida se esfumaron mis sueños de cetros y coronas.

No fue así para Amneris. Ella ganó el título de Miss Teen por derecho propio. Tenía todo lo que hacía falta para obtenerlo: belleza y simpatía. Aún así, a lo largo de su libro nos guía en su trayectoria de descubrimiento de que los sueños alcanzados no son suficientes para llenar los vacíos internos. Así fue cómo en su encuentro con el Rey de Reyes, esta preciosa reina supo que más que un trono de un año de duración, el Padre le extendía su mano para que, como hija suya, viniera a ser Princesa heredera de sus bendiciones.

No todas hemos sido reinas de belleza. Pero todas tenemos un YO que destronar para que se manifieste en nosotras la herencia en Cristo de una mujer sencilla, pero libre de ataduras, temores e inseguridades. Amneris descubrió el valor de dejar atrás lo que la sujetaba y por la gracia de Dios tiene una palabra que dar a la mujer de hoy. Sin embargo, las verdaderas credenciales que revelan su linaje Real en Dios son su amor y su disposición de ayudar a otros en un genuino espíritu de servicio. Me parece que el Rey sonríe por llamarla hija.

Nilsa Jurado
Pastora de la Iglesia Emmanuel
Las Piedras, P.R.
Autora de *Me movieron el piso*

Me intereso profundamente por transmitir a las mujeres la importancia de que se valoren a sí mismas, y es difícil valorarse cuando no tenemos clara nuestra identidad en Cristo. De esa identidad emana, no solo nuestro valor, sino nuestro poder, nuestra influencia y los talentos que nos mueven a alcanzar lo que nos proponemos.

De reina a princesa me hace sentir orgullosa de que Amneris, miembro fiel de mi grupo de "Divinas", comparta su crecimiento espiritual provocado por la transición más transformadora que puede tener una mujer: dejar atrás los reconocimientos fatuos del mundo, para conocer, entender, aceptar y disfrutar su identidad en Cristo. Su historia, junto a la rica descripción de los privilegios de ser "la hija del Rey", es una invitación irresistible para que toda mujer se determine a aceptar la identidad de ser "princesa" del Padre.

Gracias, Amneris, por tu contribución al Reino de Dios.

Omayra Font
Pastora
Iglesias Fuente de Agua Viva
Puerto Rico y Orlando, Florida
Autora de *Mujer, valórate*

Contenido

PRÓLOGO POR LA
DRA. *Lis Milland*

Estoy convencida de que la mayoría de las depresiones, sentimientos de vacío, cansancio emocional, sentimientos de soledad, temores, comportamientos autodestructivos, trastornos de ansiedad, adicciones, y relaciones codependientes en las mujeres, tienen como raíz la falta del descubrimiento de su verdadera identidad. Muchas mujeres tienen complejos, se sienten mal con ellas mismas y esto les roba el gozo y hasta los deseos de vivir a plenitud. Dios nos ha creado de tal manera que ninguna de nosotras puede escapar al hecho de que a menos que entendamos nuestra identidad y sentido de relevancia, la vida parece carecer de esencia y significado. La identidad explica quiénes somos y qué hacemos aquí.

Un factor que ha contribuido para que las mujeres tengan dificultad para encontrar su verdadera identidad es el hecho de que nuestra cultura, modelos de creencias y estilos educativos, reflejan una tendencia a sancionar y criticar el que las mujeres descubramos quienes somos y nos valoremos. Se han generado progresos, pero aún es tildado este gran bien de que nos amemos y vivamos en nuestro propósito, como un acto narcisista.

En ocasiones, cuando una mujer se valora, se ama y le da importancia a lo que verdaderamente la tiene y vive libre de frivolidades, puede ser penalizada y juzgada. Me he dado cuenta con el pasar de los años, interviniendo con miles de mujeres en terapia como consejera profesional, que el auto-respeto, el amor propio y la auto-comunicación, no suelen tenerse en cuenta. Más aun, se considera de mal gusto el que una mujer se descubra, se ame, sea segura de ella misma y se revele a lo establecido socialmente en cuanto a estereotipos.

Quienes han logrado desarrollar una forma efectiva y saludable de vivir, son aquellos que ya transitaron primero por un camino difícil y aprendieron valiosas lecciones. Una vez se aprende es loable entonces... enseñar. Esto es precisamente lo que está haciendo Amneris Meléndez en este audaz y efectivo libro: *"De reina a princesa: encuentra tu verdadera identidad"*.

La autora ya pasó el complicado y a la vez fascinante camino de contestar la pregunta: ¿Quién soy? De reina de belleza descubrió que es una princesa de Dios. Creció y maduró emocional, social y espiritualmente. Ha dejado el camino abierto y te está invitando a transitar para que vivas la realidad victoriosa de que eres una princesa y disfrutes de la hermosa corona que tienes puesta sobre tu cabeza.

El libro que tienes en tus manos se convertirá, sin duda, en una ruta que te conducirá a la realidad de que aun cuando las circunstancias de la vida te lleven a dudar de quien eres, podrás mantenerte firme en la conciencia de esa identidad poderosa que te ha sido dada por Dios. Las experiencias que atravesamos a lo largo de nuestra historia pueden conspirar para que perdamos nuestro sentido de existir, pero podrás mantenerte firme, independientemente de las circunstancias y de la opinión pública. Aunque el camino no es fácil, siempre hay apertura para la transformación y lograr lo que alcanzó la autora de este maravilloso libro: encontrar una razón auténtica por la cual vivir de manera creativa, con intensidad y constructiva-mente.

Este libro es muy necesario para las mujeres porque creo firmemente que Dios quiere que nos sintamos seguras de nosotras mismas y que vivamos con un sentido de propósito. La falta de encontrar nuestra verdadera identidad nos atormenta y no nos permite disfrutar de las bendiciones que ya el Señor ha preparado de antemano para cada una de nosotras. A través de los años he aprendido que el fundamento de vivir como princesas es conocer quiénes somos en Cristo. Aceptar el amor incondicional de Dios y aceptarnos a nosotras mismas, aun con nuestras debilidades e imperfecciones, nos alejará de darle tanta importancia a las opiniones de otras personas.

Amneris Meléndez, con quien me identifico mucho por el valor que le da a la familia y a la importancia de ser auténtica, nos demuestra que hay una buena noticia y es el hecho de que no somos perfectas, y una mejor aún, que nunca lo seremos. La perfección es una meta estresante y drenante porque no es real. Es imposible que, en este plano llamado vida terrenal, alcancemos la perfección que se pretende que tengan las reinas.

Relájate y disfruta el hecho de que jamás seremos esposas, madres, trabajadoras, empresarias, amas de casa o ministros perfectas. No existe la forma en que llevemos a cabo todos nuestros roles a cabalidad y sin cometer fallas. Cuando se internaliza esta realidad humana podemos vivir de una manera más armoniosa y feliz. Esto no quiere decir que es muy loable el querer ser cada vez mejores seres humanos y superarnos en cada una de las áreas de la vida, pero otra cosa muy distinta es el exigirnos la perfección.

No es la primera vez, y confío que no será la última, que Amneris abre su corazón y su vida para demostrarnos lo que tiene verdadero significado e importancia en la vida. A ti, lectora, te felicito por dedicarte el tiempo de trabajar contigo misma en estas páginas que te llevarán a la introspección, evaluación y te motivarán a ser una mejor versión de ti.
¡Será un viaje apasionante encontrar tu verdadera identidad!

Te amo y te bendigo siempre,
Dra. Lis Milland
Consejera profesional
Autora de libros éxitos de ventas
Conferencista internacional
www.lismilland.com

Introducción

Soy de Puerto Rico, un país donde le damos mucha importancia a los concursos de belleza; en cualquier lugar te puedes encontrar con algún "experto" en el tema. Aquí todos tenemos un ideal de cómo debe lucir una reina, cómo debe comportarse y cómo debe expresarse. En esta Isla es común que las niñas sueñen con convertirse en reinas de belleza, y existe un sinnúmero de certámenes en los cuales pueden participar. Muchos puertorriqueños viven orgullosos de que, en el certamen más importante, Miss Universo, cinco reinas de Puerto Rico hayan ganado dicho título.

Yo también era de esas niñas que soñaban con ser reina. Siempre fui una niña muy extrovertida. Mi mamá decía que yo siempre estaba metida en todo "como el arroz blanco", o sea, me encantaba participar en cualquier tipo de actividad. Desde pequeña comencé a tomar clases de refinamiento y modelaje; participé en muchas competencias, tanto escolares como extracurriculares. A los 17 años representé a mi pueblo de Salinas en el concurso Miss Puerto Rico Teen, y resulté ganadora. Desde ese día me convertí en Miss Puerto Rico Teen 1999. Actualmente no es un certamen muy reconocido, pero en aquel momento sí. Recuerdo que fue un momento de mucha alegría para todo mi pueblo. Me recibieron en una gran caravana y desde entonces mi vida no fue igual. Sin haberlo planeado, me había convertido en un ejemplo para muchas personas. Algunos veían en mí la esperanza de que los sueños se hacen realidad. Yo era una joven, criada en el barrio Coco de Salinas y desde ahí apuntaba al cielo. Mi sueño era ser actriz o comunicadora; no estaba muy clara. De lo que sí estaba segura era de que quería trabajar en la televisión.

Nunca imaginé que los estereotipos relacionados a mi título de reina pudieran afectarme. Uno de los que tuve que enfrentar fue el siguiente: una mujer bonita que participa en un concurso de belleza es bruta. Sí, así como lo lees. Mucha gente piensa que una mujer que participa en un concurso de belleza es tonta. La verdad es que muchas mujeres que participan en los concursos de belleza no lucen bien al momento de contestar las preguntas del jurado, ya que son traicionadas por los nervios y brindan respuestas poco coherentes. Sin embargo, eso no significa que ellas no sean inteligentes; puede ser que no tienen la habilidad de hablar en público o que no pueden manejar bien los nervios. Es muy cruel que se juzgue la capacidad intelectual de una mujer por su apariencia física. Ciertamente, con esa crueldad y esos prejuicios me enfrenté durante muchos años, tanto en mi vida universitaria como en el ambiente laboral.

Estudié Comunicaciones en la Universidad el Sagrado Corazón, tomé un curso de actuación en México y luego trabajé como reportera durante algunos años. Muchos pensaban que mi vida era grandiosa y todos apostaban a un futuro de fama, éxitos y riqueza. Sin embargo, no sabían que mi alma siempre anhelaba algo más. Muchos, hasta el día de hoy, no entienden qué pasó con mi carrera y por qué abandoné la televisión… en un momento yo tampoco lo comprendía del todo. Pero ahora puedo ver y disfrutar del plan de Dios para mi vida. Algunos podrán pensar que no tengo éxito, pero te puedo asegurar que soy una mujer exitosa, feliz y con propósito. Soy bendecida, tengo una hermosa familia, trabajo en lo que me gusta y puedo ser una madre presente para mis hijos.

No obstante, encontrar mi camino no fue fácil; no sucedió de la noche a la mañana. Tuve una larga travesía, viví una transformación; de reina me convertí en princesa. En ese camino descubrí quién soy, encontré mi identidad, aprendí a manejar las críticas, a restarle importancia a lo que otros pensaban de mí, y a manejar lo que yo misma creía, además de lo que opinaban mis familiares y amigos. Poco a poco, fui descubriendo más de mí, fui creciendo emocional y espiritualmente. Hoy, puedo asegurarte que una mujer puede ser hermosa, inteligente, sabia, capaz, fuerte, valiente, poderosa y mucho más.

Dios es tan bueno que me cumplió mi sueño de ser actriz y comunicadora, (a su manera, porque Él es bien creativo). Comunico, a través de charlas y libros, el único mensaje que es capaz de transformar el corazón. Soy actriz en los videos que hace mi esposo, Gaby Alicea, para su canal de YouTube. ¿Quién lo diría?

Actualmente, me dedico a ayudar a otros escritores a hacer realidad el sueño de publicar un libro. En los últimos cinco años he trabajado de la mano con más de 20 autores independientes de Puerto Rico. Disfruto mucho el proceso de edición, creación de portada e impresión de cada libro. Soy testigo de cómo la vida de esos autores cambia, veo cuán bendecidos son en el proceso de publicar su obra, y el legado que deja cada libro en los lectores.

Esta obra que tienes en tus manos es mi segundo libro publicado; el primero se titula: *Los hijos, grandes maestros.* El fin de este libro es compartirte algunas reflexiones que han surgido de mi corazón en el proceso de convertirme de reina a princesa. ¿A qué me refiero cuando te digo que pasé de reina a princesa? En este libro verás que me refiero a reina cuando hablo de mi antigua forma de ser. No tengo nada en contra de los concursos de belleza, ni de las reinas. Mi anhelo es que puedas aprender a vivir una vida más allá de lo superficial y te sumerjas en una profundidad que te llevará a descubrir lo mejor de ti, en todas las áreas de tu vida. ¿No se supone que reina sea el título más alto? Te invito a descubrirlo en "De reina a princesa".

¡Tú también puedes ser una princesa! Espero disfrutes de estas reflexiones, donde cuento un poco de mi historia y abro mi corazón. Aunque nunca hayas sido reina de belleza, te aseguro que descubrirás que tienes actitudes de reina, como yo las tenía. Identifica estas actitudes para que puedas mejorarlas y así encuentres tu verdadera identidad, para que puedas llevar la corona que te pertenece y disfrutes de los beneficios que te corresponden como princesa.

Me gustaría que luego me compartas tu opinión a través de las redes sociales, usando el siguiente hashtag: #dereinaaprincesa Gracias por acompañarme en esta nueva aventura.

Con amor, Annderis Meléndez

Me tengo que confesar

El título de este libro me lo dio mi esposo, quien ha sido testigo de mi transformación. Él sabe, mejor que nadie, que cuando me presentan no me gusta que digan que gané un concurso de belleza. Aunque no lo crean, a estas alturas de mi vida y después de haber alcanzado otras metas, me siguen presentando como la Miss. Les confieso que hay días en los que me molesta mucho que mencionen esa etapa de mi vida por el hecho de que las personas suelen crear un concepto erróneo sobre quién soy o cómo debo ser. No me gusta lidiar con los conceptos preconcebidos de la gente, los cuales son falsos en la mayoría de las ocasiones.

Me considero una mujer sencilla, no soy de gustos extravagantes. Me gusta arreglarme, pero no vivo obsesionada con eso. No me gusta ir al salón de belleza (solo voy a que me corten las puntas del cabello o a teñirme las canas), no me hago uñas postizas, no voy mucho de shopping… Como ves, no soy como quizás pensaste. No pienso que todo eso esté mal; solo que la gente asume que ese tipo de cosas me gustan porque fui reina de belleza, cuando no es así. A todos nos pasa. Creamos un ideal de cómo deben ser los demás y por eso, nos desilusionamos. Creo que debemos dejar a un lado los estereotipos, que las modas o tendencias no nos definan. Cada una de nosotras es única, tiene un estilo y un gusto en particular. Vivir de las apariencias o pendientes al qué dirán es vivir en esclavitud. Es necesario decidir ser genuinas y transparentes.

Comenzaré por contarte un poco sobre mí. Disfruto charlar, compartir un café, me encanta comer, aunque no tanto cocinar (acepto que no cocino tan sabroso como quisiera), me gusta el cine, amo leer (aunque esto se ha convertido en parte de mi trabajo), me encantan los abrazos y las postales. Mi esposo sabe que si me va a dar un regalo no puede faltar una tarjeta con un mensaje personalizado. Lo más que amo y que siempre anhelé fue tener mi propia familia y poder cuidar de ella. Me encanta ser mamá y esposa, disfruto mi rol, asumo con seriedad esa responsabilidad y me esfuerzo por hacerlo cada día mejor.

Hubo un tiempo en mi vida en el que estaba sin rumbo, tomé malas decisiones, me rodeé de algunas personas equivocadas, tenía un trabajo que odiaba, estaba en una relación tóxica y ahí fue cuando lo perdí todo. En ese momento de soledad y tristeza escuché la voz de Dios. Sin saber cómo hacerlo, me levanté y dejé que su Palabra comenzara a trabajar en mi corazón. Quien no ha experimentado la providencia de Dios, quizás no entienda mis palabras. Pero solo quiero que sepas que conocer y servir a Dios ha sido lo mejor que me ha pasado. Haber sido reina de belleza es nada con el título que ostento hoy: princesa. Soy la hija del Rey del universo y nada me hace más feliz.

"Así es, todo lo demás no vale nada cuando se le compara con el infinito valor de conocer a Cristo Jesús, mi Señor. Por amor a él, he desechado todo lo demás y lo considero basura a fin de ganar a Cristo".
(Filipenses 3:8)

Ahora te pregunto: ¿Estás donde quieres estar? ¿Eres quien quieres ser o vives complaciendo a los demás? ¿Te atreves a romper con los estereotipos, a confesarte, quitarte la máscara y decir: "esta soy yo en realidad"?

Te invito a que abras tu corazón y te atrevas a ser la mejor versión de ti, a que dejes salir a esa niña soñadora que vive dentro

> *Te invito a que abras tu corazón y te atrevas a ser la mejor versión de ti.*

de ti y que no la has dejado salir a jugar y disfrutar la vida. ¿Te atreves? Pues ven conmigo a vivir una transformación, porque tú también mereces descubrir tu identidad. ¡Eres una princesa! Ponte la corona que te corresponde y, aunque te sientas un poco perdida en el camino, acompáñame a través de estas reflexiones en las cuales espero puedas escuchar la voz de Dios y le permitas sanar tu corazón. *"Yo te haré saber y te enseñaré el camino en que debes andar; te aconsejaré con mis ojos puestos en ti".*(Salmos 32:8, LBLA)

No tengas miedo, nada malo procede de Dios, Él solo quiere bendecirte. No permitas que nadie detenga tu crecimiento y aunque nunca hayas sido reina de belleza, te aseguro que descubrirás que tienes o tenías actitudes de reina. Estas actitudes las debemos desechar y comenzar una transformación para ser una princesa en las manos de Dios.

"Y sabemos que para los que aman a Dios, todas las cosas cooperan para bien, esto es, para los que son llamados conforme a su propósito". (Romanos 8:28, LBLA)

Virtuosa, no perfecta

"Mujer virtuosa, ¿quién la hallará? Porque su estima sobrepasa largamente a la de las piedras preciosas".
(Proverbios 31:10)

En mi año de reinado pasaron muchas cosas divertidas, pero hubo un suceso gracioso que se repitió varias veces. Era cuando el presidente del concurso tenía que esconder mi corona. ¿Por qué la escondía? Bueno, como dueño de la franquicia tenía que cuidar la imagen y no podía dejar que la reina perdiera su "glamour". El asunto era que, a veces, cuando él me preguntaba qué yo quería comer, a mí se me antojaba un buen "hot dog" de carrito, de esos que venden en la calle. Él me complacía, pero escondía mi corona y también me quitaba la cinta. Era como si me destituyera por varios minutos. Ciertamente para él no había nada de elegante que la gente viera a "su reina" así. A mí me daba igual y hasta el día de hoy también me da igual. No me gusta vivir de apariencias; me gusta ser genuina y soy bastante sencilla. Pregúntenle a mi esposo que, en una ocasión, para celebrar San Valentín le pedí que, luego de ir un rato a la playa, me comprara una tripleta (un emparedado muy popular en Puerto Rico) en una panadería y así celebramos ese día.

En la vida tenemos que elegir ser felices y si a mí me hacen feliz las cosas sencillas, eso escojo. ¿Qué te hace feliz? ¿Qué decides escoger? Yo trato de no aparentar lo que no soy por complacer a los demás. Prefiero tener cerca personas que me amen por quien soy y no por una idea irreal de mí. No siempre es fácil, no siempre lo hice, pero luego de tantas experiencias en la vida he aprendido a elegir. Escojo amarme como soy y permitir que los demás me conozcan y aprendan a amarme.

Yo tengo dos problemas con los cuales lucho constantemente: soy muy olvidadiza y torpe. Mi familia lo sabe, mis hijos, mi esposo y mis amigos cercanos. No lo oculto. Bueno, en realidad no lo puedo ocultar porque muchas veces es demasiado evidente. Recuerdo que cuando era niña siempre derramaba todo. El jugo, el agua, la comida, todo lo que intentara servirme terminaba siendo un reguero. Mi torpeza llegaba a tal punto que mi papá siempre me regañaba. La cara que ponía era como diciendo: "Tan inteligente que eres, pero qué torpe". Ja, ja, ja.

Imaginen si esa realidad me ha perseguido que, ya de adulta, cuando mi papá estaba vivo y yo iba de visita a su casa me ponía muy nerviosa si tenía que servir algo delante de él. En mi mente me decía: "Vamos, tú puedes, demuéstrale a papi que eres grande y no eres tan torpe ya". Aunque algunas veces me salía bien, la mayoría de las ocasiones salía mi verdadero yo y algo se derramaba.

Este ejemplo puede sonar gracioso, pero la realidad es que he aprendido a vivir con lo mejor y lo peor de mí. Trato de asumir responsabilidad sobre aquello con lo que tengo que trabajar. Lo de olvidadiza ni te cuento, han sido demasiados despistes. Aunque les he compartido estos dos aspectos de mí que no me agradan, y hasta me frustran, no me he dado por vencida. Todos los días trato de no olvidar o no derramar algo. No siempre me sale, pero mi enfoque es ser una mujer virtuosa, no perfecta. Así como trabajo con estos aspectos sencillos de mi persona, trabajo con asuntos más profundos de mi ser y me esfuerzo para siempre elegir ser una mujer virtuosa.

¿Qué es ser una mujer virtuosa?

Una mujer virtuosa es una mujer íntegra, pura, eficaz, incorruptible, misericordiosa, afable, bondadosa, poderosa, justa, indulgente, benévola, caritativa, fuerte y valiente. Así que el reto no es ser perfectas; es ser mejor cada día, es buscar constantemente ser la mejor versión de nosotras mismas. Esas cualidades que debe poseer una mujer virtuosa no nos deben intimidar, al contrario, nos deben motivar a trabajar para añadirlas a nuestra manera de ser. Lo más emocionante es que es posible para todas.

No tienes que competir contra nadie, ni debes alcanzar ningún estándar específico. La carrera es contra ti misma. Compite con lo que no quieres ser, para que puedas llegar a ser la mejor versión de ti (suena a trabalenguas, pero no lo es).

> *La mujer virtuosa no es difícil de hallar, está en ti, déjala salir.*

Cuando el versículo de Proverbios 31:10 pregunta: *"¿Quién la hallará?"*, podemos sentir que tiene la siguiente connotación: "encontrar una mujer virtuosa es bien difícil". Pero no, cada una de nosotras puede encontrarla. Esa mujer que anhelas ser está encerrada en ti. Está bajo tus inseguridades, tu mal humor, tus decepciones, tus tristezas… ella vive en ti. Búscala y déjala salir. La virtud está en ti, porque Dios está en ti. La mujer virtuosa no es difícil de hallar; está en ti, déjala salir.

"Ella habla con sabiduría, y la clemencia está en su lengua". (Proverbios 31:26)

Mientras trabajas en mejorarte, bendice a otros. La gente necesita ser apreciada, escuchada y amada. Con tu trato puedes demostrarle a los demás que son valorados. Este punto me recuerda a una amiga pastora. Ella dice que todos merecemos sentirnos la persona más importante para alguien. ¡Y es cierto! Ámate, pero también procura amar y cuidar de otros. Seguramente, mientras te enfocas en cuidar de otros, en levantarlos y ayudarles a limpiar sus heridas, las tuyas irán sanando también.

Así mismo, la mujer virtuosa es responsable, sabe que cada decisión tiene una consecuencia. La mujer virtuosa planifica y previene. No debemos dejar que nuestros días pasen como el viento. Una vez vi un dibujo animado en el que un personaje le decía al otro: "Se vive solo una vez. A lo que el otro le contestaba: "Estás equivocado, se muere solo una vez, pero se vive todos los días". Y esa verdad nos debe llevar a vivir cada día con intensidad. No podemos dar por sentado que mañana podemos hacerlo, hagámoslo hoy. Te reto. Sí, ahora, mientras lees, vamos a hacer una pequeña oración para pedirle a Dios que nos haga ser una mujer virtuosa.

> *La mujer virtuosa planifica y previene.*

Señor, pon en mí un sentido de responsabilidad tan alto que cada día me haga vivir de manera esforzada. Ayúdame a convertirme en esa mujer virtuosa que tú creaste en mí y que yo he escondido. Permíteme trabajar con amor por el bienestar de mi familia. Padre, mientras hago todo esto, mantenme cerca de otras personas a las cuales pueda hacer sentir amadas y valoradas. En el nombre de Jesús, amén.

Entregué mi corona

El tiempo de un reinado de belleza es un año. Después hay que entregar la corona, de manera simbólica, a la nueva reina. Sin temor a equivocarme, afirmo que ese día es uno muy triste para la reina saliente y te contaré el porqué. Déjame recordarte que los concursos de belleza son un negocio y que la reina es básicamente el producto que ayuda a dicho negocio a crecer y poder tener más clientes el próximo año. Y no lo digo en modo de crítica, solo se los presento desde otra perspectiva.

Teniendo esto en mente, imagina la siguiente escena: ha pasado un año, estás en el evento donde se elegirá a la nueva soberana, eres el modelo a seguir, todas las candidatas y el público te quieren, te aplauden, te celebran... hasta que al final del evento escogen una nueva reina. Entonces, se apagan las luces y ya no tienes a nadie pendiente de ti, ya no eres tan "importante", ya no eres noticia, solo eres la reina del año pasado.

Puede que esa realidad te golpee fuertemente, a mí me afectó un poco, porque fue un cambio bien drástico; al punto de que algunas personas a quienes consideraba amigos, de repente demostraron solo ser compañeros de trabajo. A mis 17 años, yo no entendía que eso era un negocio y que al ganar el título había obtenido un trabajo.

Aunque esa noche "entregué" la corona, más adelante en mi vida tuve que renunciar a ser reina. Me tomó muchos años despojarme de ese título y elegir ser princesa. Mi cambio de corona no fue un proceso rápido. Tuve que experimentar un cambio de mentalidad.

> *Tuve que renunciar a ser reina, elegí ser princesa y cambiar mi corona.*

En la realeza, la reina es quien manda, no se somete a nadie, es la autoridad en su nación. Además, la reina tiene muchas responsabilidades, así como tiene muchos privilegios. Por otra parte, en la realeza, la princesa no tiene autoridad. Ella debe someterse a la autoridad del rey o la reina, tiene menos responsabilidades, pero disfruta de más libertad. Tomo como ejemplo esa realidad que viven las personas de la realeza para hacer una comparación de mi vida y mostrarles en qué consistió mi cambio de corona, el cual puedes experimentar tú también.

Cuando digo que de ser reina ahora soy princesa puede sonar que bajé de nivel o categoría, pero créeme, no es así. Te voy a explicar por qué. Cuando eres una princesa, espiritualmente hablando, estás sujeta a la autoridad del Rey de reyes y eso te hace verdaderamente libre. No dependes de tus propias fuerzas o destrezas, ya que tu confianza está en Aquel que está sobre ti, quien tiene toda autoridad en los cielos y en la tierra.

"Así que, si el Hijo los hace libres, ustedes son verdaderamente libres".
(Juan 8:36)

Puede que todavía no entiendas lo que estoy tratando de explicar, pero quiero que sepas que no debes llevar una carga pesada en tu cabeza. Te invito a quitarte la corona de reina, esa que te hace creer que debes ser perfecta, que debes cumplir las expectativas de todos y que necesitas tener todo lo que dicen las revistas o Facebook que está de moda. Dios nos ofrece una corona más valiosa, una corona de princesa y con esa corona, el título de hijas. La devoción al Rey te corona con su eternidad. Tu entrega completa al Señor te convierte en una heredera de la vida eterna y una preciosa hija de su Reino.

33

"y serán en la mano del Dios como la hermosa corona de un rey".
(Isaías 62:3, TLA)

Haz un cambio de corona, sé libre en Dios. Él te cuida, te ama y te ofrece un título de princesa que no caduca. ¡Es eterno! Nunca nadie más te quitará la corona. No la entregues por nada ni nadie, mantén la cabeza arriba, no permitas siquiera que tu corona se caiga. Debes conocer tu valor como hija y este lo encontrarás en su Palabra; busca, lee y comprende tu valor. Aprende a amarte de la manera en la cual Jesús siempre te ha amado y te amará.

Sigue leyendo este libro. Estoy segura de que descubrirás tu verdadera identidad y comenzarás a experimentar la libertad y la felicidad verdaderas.

En Él nada se pierde

Si me pusiera a contarte mi vida, no acabaría. Dios me ha permitido vivir tantas experiencias, las cuales me han transformado en la mujer que soy hoy, a mis 38 años. Como tú, he conocido mucha gente, he viajado, he tenido varios trabajos, he vivido experiencias hermosas, también he pasado momentos duros, pero todos han servido para formar quien soy.

Miro mi pasado y reconozco que Dios me llamaba. Recuerdo que, cuando pequeña, tenía una amiga que era nieta del señor que limpiaba la capilla Santa Ana, la iglesia de mi barrio. Mientras él limpiaba, nosotras cantábamos, orábamos y hasta comíamos mangó en el altar, pero no lo hacíamos de una manera irreverente. Estábamos hablando con Dios, conscientes de que Él nos escuchaba. En mi adolescencia disfrutaba de las visitas que, como parte de un grupo de niñas en la iglesia, hacíamos a un convento en Ponce. Un día no llegué a tiempo para tomar el autobús y no pude participar de la excursión. Me quedé llorando en mi casa; realmente disfrutaba la experiencia y todo lo que aprendía.

En mis años de universidad conocí nuevas amigas que visitaban iglesias protestantes y por medio de ellas pude conocer a Jesús de una manera diferente. Comencé a aprender la Palabra de Dios y a tener una relación con Él. En ese tiempo tuve la oportunidad de viajar como misionera a varios países. Cada uno de esos viajes marcó mi corazón y mi llamado a servir, sin yo aún saberlo. Cada experiencia se ha convertido en una pieza del rompecabezas que forma mi vida. Cada pieza tiene propósito y da forma a quien soy. Estoy segura de que cada pieza ha sido esculpida en las manos de mi Creador.

Mientras este libro toma forma, Dios ha estado hablando a mi corazón la siguiente frase: **en Él nada se pierde**. Esto significa que cada momento vivido, cada experiencia buena, mala o regular tiene propósito. No significa que Dios provoque los momentos malos, pero si esos momentos llegan, Él los terminará usando para nuestro bien. Si nos hemos roto en pedazos, Él nos recogerá y no permitirá que nada de nosotros se pierda. Muchas mujeres tenemos un pasado del cual no estamos orgullosas, pero Dios es capaz de redimir nuestra historia.

No te juzgues por tus errores. Entiende que el pasado no puede ser corregido, pero puede ser usado como un escalón en el cual te apoyes para levantarte y avanzar. Haz memoria y encontrarás, como yo, momentos en los cuales Dios ha estado llamando a tu corazón, momentos en los que te ha librado de algún peligro, momentos en los cuales ha hecho un milagro en tu vida y no lo habías notado.

En una conferencia para mujeres realizada en Puerto Rico llamada: *Mujer, reposiciónate,* escuché a la pastora Yesenia Then hablando de que Jesús hace con nuestras vidas lo mismo que hizo con los cinco panes y dos peces. Este milagro está registrado en la Biblia en Juan 6-1:21. Allí, Jesús hizo el milagro de la multiplicación; con cinco panes y dos peces alimentó a más de cinco mil personas. ¿Cómo esto se puede aplicar en nuestras vidas? Según Yesenia Then, Jesús nos llama cuando no somos suficientes (al igual que los cinco panes y dos peces que no eran suficientes para alimentar a tantas personas), nos levanta hacia el Padre y da gracias (como hizo con los alimentos antes de multiplicarlos). Luego, en sus manos, experimentamos un milagro, somos transformadas y nada de nosotras se pierde. Nada de lo que nos hizo reír, nada de lo que nos hizo llorar, ningún esfuerzo y sacrificio, ningún fracaso, ningún logro, ningún amor y tampoco un desamor.

Entender que en Él, todo lo que he vivido tiene propósito me hace sentir empoderada de mi futuro. Debería empoderarte a ti también. Todos nuestros talentos tienen fruto en Él; ríndelos a su servicio.

> *Entender que en Él, todo lo que he vivido tiene propósito me hace sentir empoderada de mi futuro.*

Recuerda que en Dios nada se pierde. Serás multiplicada en sus manos para que tu vida sea de bendición a otros. Es mi anhelo que Dios se muestre en cada área de tu vida y puedas verle haciendo milagros todos los días. Deja que Dios cree con amor cada pieza del rompecabezas de tu vida. Él creará las piezas y las pondrá en su lugar. Confía. No importa el proceso que estés viviendo, si estás en sus manos, nada se perderá.

Con el permiso...

"Amaban más la aprobación humana que la aprobación de Dios". (Juan 12:43)

Qué difícil se nos hace volver a conectar con Dios cuando vivimos etapas en las cuales nos hemos alejado de Él. Yo viví un tiempo en el cual trataba incansablemente de llenar un vacío que había en mi corazón. Estaba trabajando en varios proyectos al mismo tiempo, tenía una agenda súper cargada. No tenía tiempo para nada que no fuera trabajar en pos de alcanzar mi sueño: estar en la televisión y ser famosa. Pero estaba en un ambiente laboral donde, por haber sido modelo y reina de belleza, siempre buscaban exhibir mi cuerpo y yo aceptaba. Realmente, no tenía la madurez y el conocimiento que tengo ahora e inclusive no lo veía como algo malo. La realidad era que estaba atrapada en un ambiente donde el físico es lo más importante y eso afectaba mi estima.

Viví temporadas llenas de retos, tratando de salir a flote sin hundirme en mis miedos. Cometí errores y por eso, volver a Dios se me hacía difícil. Cuando nos alejamos de Él la culpa nos acecha, sentimos que no merecemos su perdón y mucho menos su amor. ¿Te has sentido así? El dolor y la culpa nos mantienen alejados de Dios. Sin embargo, no deberíamos esperar a tocar fondo para buscar de Dios. No deberíamos llegar al punto del desespero, de la tristeza profunda, de los problemas, de la enfermedad, de las separaciones, de las deudas, de las pérdidas... para entonces mirar al cielo en busca de ayuda.

Si, al igual que yo, llegas a ese punto crítico y necesitas de Dios, atrévete a interrumpirlo. Atrévete a buscarlo, sin importar lo que digan los demás. Vas a ser señalada, burlada, juzgada, pero no te detengas en la búsqueda de tu milagro.

En esto, una mujer que hacía doce años que padecía de hemorragias se le acercó por detrás y le tocó el borde del manto. Pensaba: «Si al menos logro tocar su manto, quedaré sana». Jesús se dio vuelta, la vio y le dijo:
—¡Ánimo, hija! Tu fe te ha sanado.
"Y la mujer quedó sana en aquel momento".
(Mateo 9:20-22)

Yo, al igual que muchas mujeres, puedo identificarme con la mujer del flujo de sangre que tocó el manto de

Jesús y recibió sanidad. Esa historia está narrada en los Evangelios y casi todos hemos escuchado sobre esa valiente mujer, quien a pesar de su enfermedad (la que la mantenía alejada de todos por ser considerada impura) se arriesgó y fue en busca de Aquel que podía ayudarla. Tú y yo sabemos quién nos puede ayudar... solo en Jesús encontramos todo lo que necesitamos.

No des importancia a lo que otros digan. Sé que es difícil, ya que la presión de otros nos hace esforzarnos en busca de aprobación, cuando la aprobación que cuenta es la de Dios. Es normal que tengamos miedo al rechazo, pero te reto a ir sobre el miedo y buscar el perdón, la libertad y la sanidad que solo Jesús da.

En esa historia vemos cómo Jesús es compasivo, determinado, atento a nuestras necesidades, amoroso y poderoso. Nunca olvidemos que Él es Dios, glorioso, magnífico, quien puede hacer lo imposible, posible. A veces leemos la Biblia y podemos sentirnos tan distantes de esas historias, sin embargo, no debemos olvidar que el protagonista de los Evangelios es Jesús, nuestro Salvador. Él todavía tiene el poder de hacer milagros, nos escucha y atiende a nuestro llamado.

Así como la mujer del flujo de sangre interrumpió a Jesús cuando iba de camino a salvar a una niña, nosotras también podemos "interrumpirlo". Él está al alcance de una oración. Con toda libertad podemos decirle: "Con el permiso, Jesús, pero yo te necesito".

No sé por qué siempre pensamos que Dios tiene asuntos más importantes que atender. Pero debemos recordar que Dios nos ama. Mujer, Él quiere escucharte, quiere ayudarte, quiere cuidarte. Ve en oración e interrúmpelo.

> *Él puede resucitar nuestros sueños, nuestras relaciones, nuestras familias… Jesús le da vida a todo.*

Hoy, quiero que te enfoques en conocer cuán increíble puede ser estar cerca del Hijo de Dios. Estar cerca de Él provoca bendición a nuestras vidas, produce milagros de sanidad, libertad y vida eterna. Jesús nos muestra que no solo puede sanarnos, sino que puede darnos vida otra vez. Él puede resucitar nuestros sueños, nuestras relaciones, nuestras familias… ¡Jesús le da vida a todo! La clave es mantenernos cerca de su presencia; Él hará lo demás.

¿Qué milagro necesitas hoy? Pídelo. Dios está esperando que le interrumpas, que le hables, que abras tu corazón. No pienses que hay personas que necesitan más que tú y que no vale la pena pedirle a Dios por tu situación. No importa lo que estés viviendo, Él quiere ser parte de tu vida, Él te quiere bendecir, solo acércate… Él hará lo demás.

Cuando comencé a buscar de Dios tuve que hacerme de oídos sordos y dejar de enfocarme en lo que decían otras personas. Sabía que buscar a Dios sería lo mejor para mí, que cambiaría mi vida y mi futuro, y así fue. Si estás caminado con Dios, no vivas pensando en qué dirán los demás. Aún escucho voces que me quieren confundir. Pero ya entendí que esto es algo muy personal, esto es un asunto entre Él y yo, así que no tengo que rendir cuentas a nadie. Cuando escuches voces que quieran desviarte del camino o te impidan buscar de Dios di: *"Señor, esto es un asunto entre tú y yo, no tengo que rendir cuentas a nadie. Yo decidí seguirte y así lo haré".*

Renovadas

Muchas niñas sueñan con ser modelos, pero no imaginan a la oscuridad que pueden ser arrastradas por querer vivir de su cuerpo. Aclaro que no todas las modelos o personas del ambiente artístico sufren consecuencias negativas a causa del tipo de trabajo al cual se dedican, ni estoy condenando este ambiente. Solo cuento la historia que viven algunas mujeres. Nicole Weider, una de los ángeles de Victoria's Secret, estuvo ocho años viviendo "su sueño" hasta que descubrió la realidad de la industria del modelaje. Allí vio drogas, abusos y mucha superficialidad; luego conoció a Jesús, renunció a ese estilo de vida y encontró su verdadero propósito de vida.

En una entrevista para CBN ella confesó que siempre fue juzgada por no ser "perfecta" para cumplir con los estándares de la industria de la moda, a pesar de ser una mujer muy hermosa. *"Yo entendía que quería algo más para mi vida. Redescubrí la fe que conocía cuando era niña y eso transformó mi vida. Mi deseo ahora es usar mis dones para Dios, en vez de invertirlos en la vacía industria de modelos".* Esa modelo encontró la mejor pasarela de su vida, el camino que la llevó a encontrar su propósito en Dios. Ahora se dedica a ayudar a otras jóvenes para que puedan entender que son hermosas tal y como Dios las hizo, y a liberarse de las presiones culturales por la perfección en la apariencia.

"No vale la pena que te juzguen solo por cómo te ves", dijo Nicole Weider. *"Como modelo, hay una presión extrema en la forma en que te ves. Mi agente me estaba promocionando como sexy, pero aún no tenía dieciocho años. Sentí la presión de ser este objeto sexual cuando en realidad estaba destruyendo mi autoestima. Realmente creo que el enemigo nos ataca como mujeres. Él es esa voz negativa",* agregó. *"Empecé a sentirme realmente ansiosa en el set. Mi corazón me estaba dando señales de advertencia. Después de posar en estas revistas, sufría una crisis sobre quién era yo. No quería modelar, pero ya había puesto mi identidad durante mucho tiempo en el modelaje".*

"...al final obtuvo su mejor corona, una digna, una pura, una que carga en sí misma propósito e identidad".

Esta ex modelo de Victoria's Secret vivió su transformación de reina a princesa. Ahora se dedica a ayudar a jóvenes a través de su fundación *Project Inspired.* Como muchas otras mujeres, en diferentes ámbitos, tuvo que recorrer un camino difícil, vivir experiencias fuertes, pero al final obtuvo su mejor corona, una digna, pura, una que carga en sí misma propósito e identidad. Esa corona es la que puedes tener tú también.

Cuando las jóvenes son empujadas a vivir buscando que las miren y las elogien son arrastradas al rincón de la inseguridad. Muchas familias promueven que si sus hijas tienen un buen cuerpo deben exhibirlo, sin medir las consecuencias que esto puede traer en la estima de cada niña, adolescente, joven o mujer adulta. Yo experimenté este tipo de presiones y puedo dar fe de que no aportan nada positivo a nuestras vidas. No es agradable que te "califiquen" por tu cuerpo.

Si logras experimentar la transformación de reina a princesa o si estás en el proceso, te voy lanzar un reto. Luego de que tengas clara tu identidad y hayas sanado las heridas provocadas por los errores del pasado, te propongo que ayudes a otras mujeres para que logren conocer su identidad, descubrir sus talentos y alimentar su intelecto, y las animes a crecer en sabiduría.

Otra gran mujer que da testimonio de lo que es ser una princesa es la Miss Universo 2003, Amelia Vega. Ella es la primera Miss Universo de República Dominicana y la más joven en ganar el concurso, con tan solo 18 años. En un video que se hizo viral hace un tiempo, ella estaba siendo entrevistada e intentaron humillarla y burlarse de su fe en Cristo. Pero ella defendió su fe, demostró ser una princesa, segura de su identidad y de su valor. No podemos permitir que otros se burlen de lo que somos en Dios. Ellos no saben el gran valor que tenemos en Él, pero tu sí debes saberlo. Si aún no sabes de qué te hablo o todavía no te sientes como una princesa, tranquila, lo entenderás.

Dios tiene propósito contigo, eres única, eres valiosa, eres capaz, eres fuerte, eres hermosa, eres hija de Dios… eres princesa.

No tienes que haber sido reina de belleza para entender y aplicar el mensaje que quiero llevar. Cuando digo que

> *"Dios tiene propósito contigo, eres única, eres valiosa, eres capaz, eres fuerte, eres hermosa, eres hija de Dios… eres princesa".*

debes vivir un cambio de reina a princesa me refiero a un cambio interior. Debes identificar qué actitudes tienes, en qué ambiente te desenvuelves, qué manera de pensar o de actuar te hacen una reina y te alejan de Dios. Todo lo que identifiques que te aleja de Dios debes eliminarlo de tu vida y retomar tu posición como hija. Es necesario que lleves la corona correcta, que encuentres tu identidad, esa que te da libertad y vida.

Quiero compartir una historia de otra mujer que encontró su identidad en Dios. Ella es Crystal Bassatte, quien abandonó su vida como estrella del cine para adultos y ahora es pastora en New York. Crystal participó, durante 10 años, en más de 100 películas para adultos. Ganaba 35 mil dólares al mes. Pero, un día, visitó la iglesia de su hermana y allí encontró su identidad.

"El día que fui salvada me sentí como si el predicador me estuviera hablando. Fue como si no hubiera nadie más en la sala, escuché a Dios a través de sus palabras y todo lo que decía era correcto". Ella sabe qué fue lo que la llevó a ese estilo de vida pecaminosa: *"Fui abusada cuando era pequeña por dos personas diferentes. Así que sufrí mucho. Ahora estoy bien, pero me tomó mucho tiempo. He pasado años de terapia y soy consciente de por qué elegí aquella vida".*

Algo que tenemos en común todas las mujeres que hemos estado, de una manera u otra, en la posición de "reina" es que nosotras escogimos esa vida, posiblemente sabiendo que no estaba bien. Sin embargo, Dios, en su infinita misericordia, nos permite acercarnos, nos abraza, nos quita la corona de reina, nos limpia las lágrimas, nos da un nuevo título, el cual lleva consigo, perdón, libertad y propósito. Él nos hace sus hijas, nos da identidad y nos transforma en princesas.

No hay pecado que Dios no pueda perdonar, no hay nada que lo haga quitar su mirada de ti, no hay nada que le provoque abandonarte. Tienes que entender que Dios lo hace todo nuevo. Él quiere renovarte; déjalo hacer su trabajo. Un "makeover" nunca viene mal.

"Olviden las cosas de antaño; ya no vivan en el pasado. ¡Voy a hacer algo nuevo! Ya está sucediendo, ¿no se dan cuenta?"
(Isaías 43:18-19)

Sin esperanza

"Los cuentos de hadas son verdaderos: no porque muestren que los dragones existen. Sino porque muestran que los dragones se pueden derrotar".
— *Neil Gaiman*

¿Alguna vez te has sentido llena de temor con relación al futuro? ¿Te has sentido sin esperanza? ¡Es aterrador! Yo también me he sentido así. He tenido ganas de salir corriendo sin rumbo, ganas de quedarme paralizada y no hacer nada, ganas de llorar sin razón, de dormir y que nadie me moleste. Sé lo que es vivir sin esperanza.

Todavía recuerdo el día cuando tuve que volver a casa de mis padres, luego de haberme independizado (llevaba más de 7 años viviendo en el área metropolitana). Cuando volví a casa de mis padres estaba llena de problemas: había terminado con una relación tóxica de noviazgo (de la cual salí llena de miedo), había renunciado a mi trabajo e inclusive me vi obligada a abandonar mis estudios de maestría.

Sentía que mi vida era un desastre. Volví a mi pueblo y no supe qué hacer. Varios días después, llegué caminando a la iglesia donde crecí: la capilla Santa Ana del barrio Coco Nuevo en Salinas. Allí me recibieron con mucho amor y comencé a integrarme en diferentes grupos. Solo quería llenar el vacío que mi corazón sentía; yo sabía que Dios era mi única solución. Yo había aceptado al Señor en la iglesia de una amiga, varios años antes, pero nunca busqué una iglesia donde congregarme.

Así que, en la iglesia donde crecí, poco a poco, Dios fue sanando mi corazón y me mostró que tenía opciones. Me dio nuevos amigos y me permitió servirle desde donde estaba y con lo que tenía. Recuerdo que muchos me veían allí sirviendo a los jóvenes y no les hacía sentido. Yo había salido de mi barrio hacía mucho tiempo y se preguntaban por qué había vuelto. Yo solo quería sentirme a salvo, estar en casa, sentirme amada y cuidada. El mundo me había dado duro, mis malas decisiones ahora tenían consecuencias, sentía que tenía que comenzar de nuevo y reconectar con mi esencia, con mis raíces. Doy gracias a Dios, porque en ese tiempo cuidó mi corazón dándome amigos, quienes me aceptaron como soy, me ayudaron a levantar mi cabeza y pude comenzar a entender mi posición como hija de Dios, como su princesa.

Muchas veces tratamos de entender el sentido de la vida, buscarle solución a nuestros problemas y a los de quienes nos rodean. Sentimos que trabajamos fuerte y que no somos recompensadas como creemos que deberíamos serlo; que no somos valoradas por nuestra familia, amistades, compañeros de trabajo o ministerio. Sin embargo, en medio de esas circunstancias no siempre debemos luchar contra esos sentimientos. Debemos soltar esos sentimientos negativos, llenos de frustración y tristeza que nos mantienen atadas a un estado de desesperanza. Luego de soltarlos, debemos extender los brazos y elevarlos al cielo; de allí viene nuestra esperanza.

"¿A quién tengo yo en los cielos sino a ti?
Y fuera de ti nada deseo en la tierra".
(Salmos 73:25, RVR 60)

La mente es muy poderosa y nos puede llevar a crear un panorama más aterrador, oscuro y deprimente de lo que en realidad es. Proverbios 4:23 (RVR 60) dice: *"Sobre toda cosa guardada, guarda tu corazón; Porque de él mana la vida".* El "corazón" incluye la mente y todo lo que procede de ella. Es por eso que debemos desechar esos pensamientos y sustituirlos por pensamientos de paz, amor, bienestar, esperanza y fe.

> *No podemos andar por la vida dejando que las emociones nos dominen, debemos gobernar nuestra mente y nuestras emociones.*

Todo lo que vemos, escuchamos o leemos nos ayuda a balancear nuestros pensamientos y emociones. No podemos andar por la vida dejando que las emociones nos dominen; debemos gobernar nuestra mente y nuestras emociones. Si logramos gobernar nuestras emociones no explotaremos ante cualquier problema. Podremos pensar antes de hablar y tomar control sobre lo que decimos, sabremos tener una reacción controlada en momentos de crisis y así cuidar también las emociones de quienes nos rodean. No es fácil dominar las emociones, pero no es imposible. Para hacerlo, tienes que tomar autoridad con la Palabra de Dios. Con su Palabra como guía podrás crear un balance saludable entre tu mente y tu corazón.

Llénate de esperanza y confía en que Dios ha prometido estar contigo siempre, que Él hará que todas las cosas que te ocurran, tanto positivas como negativas, sean para tu bien y tu crecimiento. Así como lo hizo conmigo, también lo hará contigo y aún más. Pide al Señor que proteja tu corazón y eche raíces en él para que, de esta manera, puedas soportar las presiones de la vida.

"No temas ni te desalientes, porque el propio Señor irá delante de ti. Él estará contigo; no te fallará ni te abandonará". (Deuteronomio 31:8, NTV)

Yo doy gracias a Dios, porque Él pudo haberme abandonado a una vida de desesperación, seguida de una eternidad separada de Él, pero no lo hizo. Y saber esto me hace amarlo, querer seguirlo, escuchar su voz y vivir en la expectativa de una nueva bendición cada día, hasta la eternidad. Te compartiré algunos versículos que me han ayudado a confiar en Dios y no temer ante cualquier situación que enfrente. La Palabra de Dios es viva y es eficaz. Comienza a estudiarla y a aplicarla en tu vida y ya verás cómo todo cambiará.

"Todo lo puedo en Cristo que me fortalece".
(Filipenses 4:13)

"Olviden las cosas de antaño; ya no viva en el pasado. ¡Voy a hacer algo nuevo! Ya está sucediendo, ¿no se dan cuenta? Estoy abriendo un camino en el desierto y ríos en lugares desolados". (Isaías 43:18-19)

"Así dice la escritura: "Todo el que confíe en él no será jamás defraudado". (Romanos 10:11)

"Examíname, Oh Dios, y sondea mi corazón; ponme a prueba y sondea mis pensamientos. Fíjate si voy por el mal camino, y guíame por el camino eterno".
(Salmo 139:23-24)

"No se contenten solo con escuchar la palabra, pues así se engañan ustedes mismos, Llévenla a la práctica".
(Santiago 1:22)

No lo mereces

"Mi vida es de colores desde que tú estás aquí. Ya no necesito nada más, tan solo una vida entera para amarte más".

-Gaby Alicea

Quienes conocen de cerca mi relación con mi esposo entenderán cuando digo que él es una oración contestada. Él no es perfecto, pero es la persona que yo necesitaba para cumplir mi propósito, sentirme amada, ser feliz, formar una familia, en fin, Gaby es mi "otra mitad". Yo sé que él llegó a mi vida como una oración contestada, porque hubo un momento en mi vida en que estaba tan desilusionada que hice una lista con las cualidades que quería que tuviera el hombre con quien debía casarme. Mis amigas me decían que estaba loca, que nadie iba a cumplir con los requisitos de mi lista, pero ya estaba cansada de besar sapos. ¡Quería un príncipe!

Algunas amigas me aconsejaron que no podía ser tan exigente, que a veces hay que soportar ciertas cosas, pero yo no quería una relación mediocre, quería algo bueno, real y valioso. No quería conformarme. Sabía que había algo más, así que pedí al cielo por mi futuro esposo. Dos años después, conocí a Gaby. Muchos se preguntan cómo nos conocimos si yo vivía en Salinas y él en Juncos. Pues, para matar tu curiosidad, nos conocimos en San Juan, mientras grabábamos una película. Te confieso que cuando lo vi entrar al set de grabación me pareció haber vivido ese momento en cámara lenta. Pero volviendo al tema, Gaby resultó ser el hombre que yo describía en esa lista.

Recientemente celebramos 12 años de matrimonio. El primer año fue el más difícil, pero te confieso que somos muy felices. Nunca pensé que la vida en matrimonio iba a ser tan divertida, no solo porque me casé con un comediante, sino porque ambos hemos construido una relación de respeto, comunicación, apoyo incondicional y diversión. Si vamos a pasar la vida juntos, ¿por qué no hacerlo lo más divertido posible? No concibo la idea de vivir peleando y estar amargados, cuando podemos disfrutar en armonía.

Sé que para muchas personas el proceso de encontrar pareja es complicado, pues yo también estuve ahí. Sin embargo, creo que es un tiempo donde aprendemos a conocernos y a conocer qué queremos para nuestras vidas y cómo deseamos que sea la persona que nos acompañará. Así que no te conformes con menos de lo que mereces. Si tienes pareja, valórala, ámala, cuídala. Si tienen algún tipo de diferencia que los aleje, busquen maneras de solucionarlo. La vida es muy corta como para vivir enojado con la persona que amas.

Por el contrario, si aún no tienes una pareja te invito a creer por alguien especial. Haz una lista, pídele a Dios cómo deseas que sea esa persona, no solo físicamente, sino pide por la condición de su alma y su corazón. No te enfoques en lo que dicen los demás; te reto a creer. Yo creo en el matrimonio y creo que puede ser hermoso, pues fue diseñado por Dios.

Te exhorto a creerle a Dios y no solo cuando se trata de encontrar pareja, sino en todas las áreas de tu vida. Puede ser que en algún momento no recibas la contestación de parte de Dios o la que recibes no sea la que esperabas. Sin embargo, tienes que atreverte a creer, aunque otros digan que no mereces lo que pides.

Hay una historia en la Biblia que me gusta mucho y es la de una mujer cuya hija estaba endemoniada y fue a hablar con Jesús, postrándose a sus pies.

Esta mujer, que era pagana y de origen sirofenicio, le pidió que expulsara de su hija al demonio. Él le respondió: "Deja que antes se sacien los hijos; no está bien tomar el pan de los hijos para tirárselo a los cachorros". Pero ella le respondió: "Es verdad, Señor, pero los cachorros, debajo de la mesa, comen las migajas que

*dejan caer los hijos". Entonces él le dijo: "A causa de lo
que has dicho, puedes irte: el demonio ha salido de tu
hija". Ella regresó a su casa y encontró a la niña acostada
en la cama y liberada del demonio.* (Marcos 7: 24-30)

Nuestra relación con Dios tiene que estar basada en
la fe. Mira cómo esta mujer, tan pronto escuchó sobre
Jesús, fue a postrarse a sus pies. Ella no dudó, no se
avergonzó, no lo dejó para después. Ella actuó en fe,
desesperada por un milagro.

Antes de conocer a mi esposo, yo me encontraba
desesperada por un milagro en esa área de mi vida y
decidí pedir al cielo. Muchas veces necesitamos un
milagro de Dios, pero nos cuesta trabajo hacer lo que
esta mujer hizo casi de manera instantánea: caer
postrados a los pies de Jesús. Necesitamos postrarnos,
rendirnos, someternos a su voluntad, que siempre es
buena y perfecta. Yo tuve que rendirme y someterme
para, hoy, poder disfrutar y apreciar sus bendiciones.
Tú también puedes.

Es impresionante que la fe de esta mujer no menguara
cuando le pidió a Jesús que sanara a su hija y no
recibió un sí por respuesta. Él le contestó de una
manera que nos puede parecer dura, pero Jesús
solo probaba si ella era capaz de tener una fe
mayor. Y así fue, porque

> *Somos capaces de tener una fe mayor a la que siempre hemos tenido y podemos esperar grandes cosas de nuestro Dios.*

luego de demostrar esa fe mayor, esa convicción, recibió su milagro. Debemos creer y tener un corazón lleno de esperanza. Podemos decir que tenemos fe, pero Jesús nos invita a tener una fe mayor. Todos somos capaces de tener una fe mayor a la que tenemos y podemos esperar grandes cosas de nuestro Dios.

Tú puedes creer por algo mejor, puedes creer por un matrimonio exitoso, por una familia bendecida, por un meta profesional, por salud... Cada día, debes levantarte con la seguridad de que Él te escucha y obra a tu favor. Tu milagro viene en camino, ¿puedes creerlo? Te reto a que desarrolles y demuestres que puedes tener una fe mayor.

Puedes poner a prueba tu fe en todas las áreas de tu vida. Yo creí que era posible encontrar el amor real y ahora disfruto de un matrimonio hermoso. También he creído, junto a mi esposo, por milagros financieros, y aunque hemos pasado momentos difíciles, nuestra confianza está puesta en que Dios es nuestro proveedor y Él nunca nos ha fallado. Nada de lo que mi esposo y yo podamos hacer es lo que finalmente provoca nuestro bienestar. Nosotros cumplimos con ser obedientes, trabajar fuerte todos los días y Dios se encarga de suplir todo lo que necesitamos.

Te confieso que, en ocasiones, nos hemos lanzado a hacer proyectos para los cuales no tenemos un gran presupuesto, pero confiamos en el Dios que nos ha llamado y vemos cada proyecto como una nueva aventura. Somos conscientes de que no siempre se gana en los negocios, pero sabemos que en la vida hay que tomar riesgos, así que nos lanzamos en fe. A veces tenemos muchos miedos, pero sabemos que nunca vamos a dejar de sentir miedo ante un reto, y siempre optamos por lanzarnos.

Así que, no importa el reto que tengas de frente, no importa en qué área de tu vida tengas que empeñar tu fe, confía en Dios, confía en tu Señor.

No prestes atención a las voces que dicen que no mereces lo que estás pidiendo. Hay una voz mayor que te ha llamado y esa voz no miente; aprende a escuchar la voz de Dios y camina en fe. Calla las voces que dicen que no lo mereces. Sí, mereces todo lo bueno de parte de tu Padre, el Rey de reyes. Sí, lo mereces, porque eres su hija, su princesa amada. ¡Créelo!

Puedes mejorar

"Que sus conversaciones sean cordiales y agradables, a fin de que ustedes tengan la respuesta adecuada para cada persona". (Colosenses 4:6, NTV)

Te voy a contar un secreto. Cuando conocí a mi esposo todavía arrastraba conductas y costumbres que no eran agradables. Algo que recuerdo y me avergüenzo de ello es que "hablaba malo", es decir, usaba un lenguaje muy soez. Gaby, por su parte, nunca decía ninguna "mala palabra" y yo no me había dado cuenta de esto. Un día él me dijo: *"Tengo que hablar contigo. Hay algo que necesito que modifiques".* Sorprendida, pero curiosa, le pregunté: *"¿Qué pasó? ¿Qué tengo que hacer?".* Muy directo me dijo: *"Es que hablas bien malo y eso no me agrada".* Tengo que aceptar que me quedé pasmada. Imagínate, estaba conociendo a un chico, el cual pensaba que era mi príncipe, yo creía ser toda una princesa para él y, de repente, me dice a la cara que soy una "mal hablada".

Aunque me incomodó, yo sabía que lo que me decía era cierto. Él solamente me estaba haciendo una invitación a ser mejor y a cuidar mi forma de hablar. Acepté su consejo y comencé a trabajar esa área de mi vida. Confieso que me costó trabajo eliminar ese vulgar vocabulario que había repetido durante toda mi vida. Fui muy consciente e intencional en modificar esa conducta, y en pocos meses lo logré. Haber recibido esa observación de mi novio no causó pelea entre nosotros, no me ofendió, solo provocó en mí una profunda reflexión. Ya llevo muchos años sin que esas palabras soeces sean parte de mi vocabulario, ni siquiera "se me escapan". Doy gracias a Dios por usar a mi esposo como ejemplo en esa área de mi vida, y ayudarme a modificar una conducta que, en lugar de sumarme, me restaba.

Seguramente te ha sucedido que alguien te hace alguna observación con relación a conductas negativas o actitudes destructivas y te has enojado por eso. Si es así, te invito a tomar esas críticas constructivas y analizarlas. Puede que, al igual que yo, sientas vergüenza, quizás sorpresa, frustración o enojo, pero recuerda que las demás personas ven actitudes y comportamientos que nosotros no podemos ver. Agradezcamos cuando alguien es sincero y nos aconseja para mejorar; son personas que intentan cuidar nuestro corazón. Muchas veces estos cambios son positivos, nos acercan más a nuestro verdadero ser y nos alejan de conductas aprendidas que no aportan nada bueno.

En mi caso, no me tomó mucho tiempo mejorar mi manera de hablar. Fui sabia en tomar el consejo de Gaby y aplicarlo. Con el pasar del tiempo, descubrí que en la Palabra de Dios hay consejo en relación a este aspecto y aprendí el cuidado que hay que tener con todo aquello que decimos.

"No empleen un lenguaje grosero ni ofensivo. Que todo lo que digan sea bueno y útil, a fin de que sus palabras resulten de estímulo para quienes las oigan".
(Efesios 4:29)

Esta experiencia me recuerda que siempre hay espacio para mejorar. Siempre hay un área en la que podamos crecer. Cuidar cómo hablamos es importante, pero no solo eliminando el vocabulario soez; hay muchas otras maneras en las que podemos mejorar nuestra manera de hablar.

Hablar siempre ha sido necesario para cumplir con mis responsabilidades en todas las facetas, tanto como reina de belleza, estudiante de actuación, en mis labores como reportera y ahora como mentora de autores y conferencista. Sin embargo, más allá de enseñarte cómo hablar, te quiero enseñar el poder que tienen las palabras.

"La lengua puede traer vida o muerte; los que hablan mucho cosecharán las consecuencias". (Proverbios 18:21, NTV)

La Biblia nos enseña que hay un peso de vida o muerte en lo que hablamos, en lo que declaramos. Lo que decimos puede desatar bendición o maldición. He aprendido que con tus palabras puedes cambiar el ambiente, puedes traer luz a un momento oscuro, puedes traer sabiduría a un momento de incertidumbre. Dios usó sus palabras para crear todo y con su Palabra nos creó.

Tú también puedes crear con tus palabras; crea relaciones sólidas y familias unidas. Las palabras pueden impactar la vida de otros, pueden transformar, quebrantar y levantar a los demás. Las palabras enviadas siempre darán un fruto y prosperarán a dondequiera que se les envíe (ver Isaías 55:11). Cuida tus palabras, no maldigas nada y no maldigas a nadie. Nuestras palabras reflejan lo que tenemos en el corazón.

"Una persona buena produce cosas buenas del tesoro de su buen corazón, y una persona mala produce cosas malas del tesoro de su mal corazón. Lo que uno dice brota de lo que hay en el corazón". (Lucas 6:45, NTV).

En momentos en los que he sido ofendida, en los que me han lastimado, precisamente con palabras llenas de calumnias, he aprendido a bendecir a estas personas. Expreso en voz alta que los perdono, lo repito varias veces y escucharme hablar bendición sobre quienes me han lastimado es difícil y doloroso, pero me ha ayudado a sanar y a perdonar.

Las palabras pueden traer libertad para tu alma y para la de otros. Aprende a hablar, usa tus palabras con sabiduría, no tengas un doble discurso. No hables maldición en la calle y bendición en la iglesia. *"¿Acaso puede brotar de un mismo manantial agua dulce y agua amarga? ¿Acaso una higuera puede dar aceitunas o una vid, higos? No, como tampoco puede uno sacar agua dulce de un manantial salado"* (Santiago 3:11-12, NTV). Enseña a tus hijos, a tus amigos y familiares la importancia de hablar bien.

Nuestras palabras nos conectan con Dios. Grandes cosas pueden suceder cuando oramos. Cuando Dios escucha nuestra oración siempre hay una respuesta en camino. Quizás no es la respuesta que queremos escuchar, pero Él siempre responde. Usa tus palabras para orar y pedir a Dios que te enseñe a cuidar tu vocabulario, que puedas aprender a cómo hablar a los demás y cómo hablar bendición sobre tu vida y la de otros. Dios contestará, ya verás. Estoy segura de que su anhelo es que nosotras sus hijas, sus princesas, hablemos como Él; que estemos alineadas a su Palabra, porque en ella hay vida.

¿Qué hay en ti?

¿Te gusta tomar café? Yo lo tomo con leche y bastante azúcar. Me encanta el café y amo compartirlo, en las mañanas y en las tardes, con mi esposo. Para nosotros es uno de los mejores momentos del día. También disfruto mucho ir con una amiga a algún "coffee shop" a tomar un café, mientras conversamos.

Hace poco leí una reflexión llamada: "¿Qué hay en tu taza?". Esa lectura me dejó pensando buen rato y quiero que te haga reflexionar a ti también. Te invito a imaginar la siguiente situación: vas caminando con tu taza de café y, de repente, alguien pasa, te empuja y hace que se te derrame el café por todas partes. Nada agradable, ¿verdad? Si en ese momento te preguntan, ¿por qué se te derramó el café?, la contestación lógica sería: "Bueno, porque alguien me empujó". Pero esa es la respuesta equivocada. Derramaste el café porque tenías café en la taza. Si hubiera sido té, hubieras derramado el té. Ja, ja, ja, puede sonar gracioso, pero la verdad es que lo que tengas en la taza es lo que se va a derramar. No es culpa de quien te empujó; es lo que sale de ti cuando eso sucede.

No pienses en la taza y el café; piensa en ti y lo que hay en ti. Porque cuando en la vida recibas empujones, sacudidas y caídas, lo que haya dentro de ti es lo que todos verán. Si dentro de ti no hay nada bueno o agradable eso es lo que todos verán y lo harán de acuerdo a cómo reacciones ante las situaciones. Nadie tiene el poder de asomarse a tu taza y ver lo que hay en el interior; solo Dios tiene esa capacidad. Así que los demás verán lo que tú muestres.

Los empujones nos ponen al descubierto. Dejan ver qué hay dentro de nosotras. Una de las peores cosas que podemos hacer es poner excusas con relación a lo que hay en nuestra taza y por qué está eso dentro. Algunas de las excusas que he escuchado y que en un momento de mi vida también usé son las siguientes: *"Yo soy así, que breguen con eso". "Yo soy buena, pero tengo un carácter fuerte"*. Lo decimos como "advertencia", pero lo que hacemos es excusándonos y justificando lo que andamos derramando por la vida.

Puedo hablarte de esto porque por mucho tiempo estuve derramando y manchando todo a mi alrededor. Parte de mi testimonio va relacionado

Yo fui transformada, sin dejar de ser yo. Al contrario, ahora soy realmente la mujer que siempre debí ser.

al cambio que experimenté en mi forma de ser y de pensar. Yo fui transformada, ahora soy realmente la mujer que siempre debí ser. El problema fue que había echado en mi taza el contenido incorrecto.

Te compartiré tres aspectos por los cuales el contenido de mi taza era malo.

✦ **Por muchos años viví sin prioridades, de manera desorganizada.**

A pesar de que Dios siempre me llamaba, "había cosas más importantes". Él siempre me demostró que tenía algo especial para mí, pero yo estaba enfocada en alcanzar mis metas, mis sueños… sin contar con lo que Dios quería para mí. Quería sus bendiciones y su respaldo, pero no quería obedecerlo. Soy consciente de que cientos de veces me llamó, pero yo solo iba a la iglesia y "ponchaba con Él". No quería un compromiso serio con su llamado. Hasta que llegó una fuerte temporada a mi vida y acepté que necesitaba de Dios. Todo comenzó a cambiar, las prioridades comenzaron a tomar el lugar correcto y esta es una decisión que tengo que hacer todos los días.

✦ **Bailaba al son que me pusieran.**

Mi taza estaba llena de lo que otros pusieran en ella. Pocas veces revisaba su contenido. Mi enfoque era complacer y llenar las expectativas de los demás (expectativas profesionales y expectativas relacionales).

Basaba mi autoestima en cuán complacidos conmigo estuvieran mis familiares y amigos. Nunca mis logros eran suficientes para ellos, siempre demandaban más, o eso yo sentía. Pero descubrí que Dios me ama y que no tengo que hacer nada para impresionarlo. Al recibir su amor y su Palabra, mi vida comenzó a ser transformada. Hoy soy consciente de qué es lo que hay en mi taza y cuido su contenido con mucho celo. Cuido lo que veo y escucho, con quien me relaciono, a dónde voy, entre otras cosas… Sé el dolor de cargar con un contenido inapropiado en mi taza.

✦ **Tenía miedos e inseguridades.**
Cambiar el contenido de mi taza significaba renunciar a lo que ya conocía, a mi zona cómoda, a mi estilo de vida y a mi manera de reaccionar ante las situaciones. Con relación a este último punto, quiero compartirles que cuando me casé mi taza aún contenía dolor, inseguridad y miedo a ser herida. Agradezco a Dios haberme regalado un esposo maravilloso. Gaby era la pieza que me faltaba. Nuestro primer año de casados fue difícil y una de las razones era porque yo reaccionaba siempre a la defensiva; y terminaba peleando sola. Ya mi esposo había vivido experiencias que le habían hecho llenar

su taza de una receta que yo desconocía, la cual compartiré más adelante.

Poco a poco, comencé a estar clara de lo que quería y de por qué lo quería. Comencé a cuidar lo que había en mi taza para que cuando se derramara, reflejara lo nuevo que había en mi interior. Recuerda que cuando la vida te sacude (que seguro pasará) lo que sea que tengas dentro de ti, vas a derramar.

Recuerda que todas estamos en un proceso de análisis y ajustes. Esto no se acaba, la lucha es diaria. A veces nos vamos a sorprender de lo que se derrama de nuestra taza y nos preguntaremos: ¿eso estaba ahí? Porque puedes ir por la vida fingiendo que tu taza está llena de virtudes, pero cuando la vida te empuje vas a derramar lo que en realidad tengas en tu interior, no lo que finges tener. Eventualmente, saldrá la verdad a la luz. Así que cuidado…

Continuamente debemos preguntarnos: ¿Qué hay en mi taza? Cuando la vida se ponga difícil, cuando sientas que la vida es injusta, cuando haya dolor, enfermedad, infidelidad, maltrato, divorcio, muerte, traición, soledad… ¿qué voy a derramar? ¿Amor, paciencia, alegría, agradecimiento, paz, humildad? ¿O coraje, amargura, venganza, palabras y reacciones duras?

Mientras todo anda bien, es fácil aparentar que tu taza está que rebosa de "perfección". Pero cuando se derrama la taza no hay vuelta atrás. No habrá manera de volver a poner dentro de la taza lo que derrames.

Primero, vacía todo lo negativo que hay en tu taza: las excusas, la desorganización, la envidia, la maldad, la negatividad, la burla, el pesimismo, el odio, el chisme, el rencor…. Y segundo, procura llenarla. ¿Con qué? Aquí viene la receta que mi esposo había usado para su taza y que yo desconocía. Llena tu taza con el fruto del Espíritu.

"En cambio, el fruto del Espíritu es amor, alegría, paz, paciencia, amabilidad, bondad, fidelidad, humildad y dominio propio. No hay ley que condene estas cosas".
(Gálatas 5:22-23)

Esta receta es infalible. Tenemos que usarla para prevenir derrames no deseados. Pero este fruto no los puedes dar tú sola. Necesitas la ayuda del Espíritu Santo para verlo crecer en ti, para saborearlo y para finalmente sembrarlo en otros. Una vida que refleje el fruto de Espíritu es una vida influenciada por el Espíritu Santo.

Como ya sabes, durante mucho tiempo estuve en el mundo del modelaje, los concursos de belleza y los medios de comunicación. En ese ambiente muchas veces se le da más valor a cómo luce tu taza, en lugar de a qué hay dentro de ella. Créeme, vivir de esa manera es muy triste. Procura elegir con sabiduría qué echas dentro de tu taza, para cuando en la vida recibas un empujón, lo que derrame tu taza sea el fruto del Espíritu Santo.

Exceso de amor

De pequeña soñaba con la idea de que algún día tendría hijos. Siempre dije que quería tres, al igual que mi mamá, pero ahora creo que con dos hijos es suficiente. Soy la madre de dos príncipes hermosos: Abner (10 años) y Ryan (7 años). Muchas personas me preguntan cuándo tendré una niña. Yo les digo que la nena de la casa soy yo. Si no se conforman con esa respuesta les cuento que tenemos una perrita que se llama Luna, pero nunca están conformes.

Cuando era joven, estaba tan envuelta en mis metas y sueños profesionales, que para nada me interesaba la idea de tener hijos; solo quería alcanzar mis metas profesionales. Más adelante conocí a mi príncipe y me casé. Para ese entonces, ya estaba más cerca de los treinta que de los veinte, así que me apuré para tener a mi primer hijo y eso lo cambió todo.

¿Qué tiene la maternidad que nos cambia por completo? ¡Yo creo que es exceso de amor! Al comienzo de la maternidad experimenté una mezcla de sentimientos, porque era hermoso todo lo que estaba viviendo, pero, al mismo tiempo, muy difícil. Para mí fue impactante reconocer que ya no solo me debía preocupar por mí, sino que mi hijo se había convertido en mi prioridad. De cierta manera sentía que ya yo no me pertenecía del todo. Me estaba enfrentando a un gran reto: la maternidad. Las madres tenemos que cuidar de los hijos siempre, de diferentes formas según la etapa, pero siempre estarán ligados a nosotras y nuestro corazón estará con ellos.

Si eres madre, te entiendo, sé que es agotador, a veces frustrante y complicado, pero ¿acaso tener a nuestros hijos, verlos crecer, amarlos, cuidarlos y guiarlos no es una de las bendiciones más hermosas que Dios nos da? Los niños nos llenan de vida y alegría. Si no tienes hijos, seguramente tienes sobrinos y te puedes identificar, de alguna manera, con lo que escribo.

Ser madres nos cambia. Ese exceso de amor nos transforma, nos hace más fuertes, valientes, desprendidas, sacrificadas

> Si actuamos en amor, nuestro carácter es formado y no tendremos otra opción que dar frutos de amor.

y seguras. Si actuamos en amor, nuestro carácter es formado y no tendremos otra opción que dar frutos de amor. Si como madre sientes que no estás dando el máximo, tranquila, mañana es un nuevo día para intentarlo. No dejes que el tren de vida en el que vivimos enfríe tus sentimientos y ponga las prioridades fuera de lugar. Baja el ritmo, disfruta el viaje y la buena compañía de tus viajeros, pues el tiempo pasa muy de prisa y no hay marcha atrás. Vive de tal manera que de todas las cualidades que puedan recordar de ti, sobresalga siempre el amor.

"Hagan todo con amor". (1 Corintios 16:14)

Antes de ser mamá desconocía tanto cansancio por las noches sin dormir, tanta frustración por no saber qué hacer, tanto miedo al ver mis hijos enfermos… También desconocía tantas risas, tantas ocurrencias y comentarios graciosos, tantas aventuras imaginarias y reales también; en fin, desconocía tanto amor. Ya había escuchado que la vida cambia cuando nos convertimos en madres, pero no sabía que el cambio sería tan drástico. Si aún no eres madre, entiende que cuando decimos que "todo cambia" es literal, no es un cliché, te estamos anunciando tu futuro. Ser madre es la responsabilidad más grande, la más aterradora, pero por mucho, la más hermosa. Doy gracias a Dios por la maternidad. Él sabía que para yo poder acercarme más a su corazón necesitaba experimentar la maternidad. Si quieres leer un poco más sobre esa faceta de mi vida te recomiendo conseguir mi primer libro: *Los hijos, grandes maestros.*

El amor de una madre supera, por mucho, cualquier otro tipo de amor. Es un amor que protege, que consuela, que alimenta, que da vida. Ahora puedo entender a mi madre y arrepentirme de las veces que no la entendí o no la valoré. Acepto que aún desconozco muchas cosas, ya que mis hijos están pequeños y nos queda mucho por vivir. Sin embargo, intento aprovechar cada minuto junto a ellos y trato (en realidad me esfuerzo) por ser mejor madre cada día. Ser mejor, esa debe ser nuestra meta cada día. ¿Lo intentas conmigo?

"El ambiente en tu hogar dependerá del estado en el que se encuentra tu corazón, no de cómo se comporten tus hijos".
-Andy Stanley

Un día leí esa frase y me confrontó, porque devela una gran verdad. A veces veo o escucho historias de niños que sufren por el maltrato de sus padres o encargados y no lo puedo entender. Sé que todos, en algún momento, sentimos que se nos acaba la paciencia, porque para manejar a los niños se necesita mucha. Sin embargo, antes de explotar con ellos, busquemos la manera de manejar nuestra frustración, enojo, impotencia, tristeza o cansancio de alguna otra manera que no sea desquitándonos con nuestros hijos. Recordemos que lo que hagamos hoy, marcará su futuro.

Cuidemos la manera en que les hablamos y también de qué hablamos. Seamos sabios en nuestra manera de actuar, ya que ellos imitan todo lo que ven.

Vivamos siempre, de tal manera, que seamos ejemplo tanto de lo que decimos, como de la forma en que vivimos. Si ponemos todo esto en práctica podremos ver cambios, pero para experimentar una transformación real en nuestra vida y en nuestro hogar tenemos que comenzar por cuidar nuestro corazón. Cuidemos nuestro corazón, porque ser madre no es fácil, pero es una de las más hermosas aventuras que podemos vivir.

Necesitamos cuidar las emociones para dar a nuestros hijos la mejor versión de nosotras; ellos lo necesitan y lo merecen. Recuerda que, para tus hijos, no hay amor más grande que el de mamá. Saca tiempo para estar a solas, practica algún pasatiempo, ve al cine, al spa, al gimnasio, lee un libro, escucha música... haz algo que disfrutes con lo que puedas liberar tensiones y recargar las baterías para seguir con alegría tu gran labor como madre.

"Sobre toda cosa guardada, guarda tu corazón;
Porque de él mana la vida". (Proverbios 4:23)

El mejor legado que podemos dejar a nuestros hijos es la Palabra de Dios en sus corazones y una identidad clara de quienes son en Él. Por eso, deseo que de la misma manera en la que has ido entendiendo tu valor y tu identidad como hija de Dios, te esfuerces por enseñarles a tus hijos que ellos le pertenecen a Él. Que son princesas y príncipes, que son bendecidos y cuidados por el Rey de reyes. Modela el amor de Dios a tus hijos para que no crean en una religión, sino para que logren tener una relación con su Creador, su Padre que está en los cielos, pero que también vive en su corazón.

No tengas miedo

Muchos creen que el valor de una persona está basado en sus títulos o sus logros. Es difícil creer lo contrario en una sociedad que da tanta importancia a la imagen, a cuán famoso eres o cuántos seguidores tienes en las redes sociales. Sin embargo, el valor de una persona no radica en nada de eso. Me imagino que alguna vez te han presentado a una persona diciendo algo así como: "Este es fulano, es doctor", cuando su título profesional no viene al caso, a menos que estés en su consultorio. A qué nos dedicamos (nuestra profesión o trabajo), en qué nos destaquemos (nuestros talentos o habilidades), no debe definir quién somos; nuestras acciones sí deben hacerlo.

Esto me recuerda un artículo que leí acerca de un encuentro que tuvo la primera dama de Estados Unidos, Michelle Obama, con la Reina Isabel II. En esa reunión Michelle tuvo una falla de protocolo cuando abrazó y tocó a la reina. Sí, así como lees, abrazar o tocar a la reina no está bien visto. Pero la

Primera Dama, en una entrevista, dijo que no se arrepentía: "Fue lo correcto, porque fue algo humano". En esta situación, esa falla de protocolo dio paso a un acto humano.

Según Michelle, cuando estuvo en el Castillo de Windsor, la propia reina le confesó que ella no se tomaba tan en serio el protocolo. Michelle dijo que abrazarla fue una reacción humana y que no entiende por qué algunas reglas de protocolo de la realeza siguen en pie si parecen anticuadas. Esto me enseña que no debemos tener miedo a ser diferentes. No tengamos miedo a hacer lo que es correcto, no tengamos miedo a ser más sensibles ante las necesidades de otros. ¡No más miedo!

Dicen que el miedo paraliza y creo que es verdad. Sin embargo, a pesar del miedo, hay una fuerza interna que nos permite arriesgarnos. Nunca esperes a no tener miedo para, entonces, atreverte a hacer algo; el miedo nunca se irá. En la vida hay que lanzarse con todo y miedos. Debemos tomar el sentimiento que provoca el miedo y usarlo como trampolín para alcanzar aquello que nos hemos propuesto. Puede ser una relación, un proyecto, un trabajo, un ministerio, un viaje, en fin… aquello que desees.

Aunque no lo parezca, yo soy una mujer que me gusta mi zona cómoda, corro mis riesgos, pero no me considero aventurera. Sin embargo, mi esposo es atrevido en tomar riesgos. Él me ha contagiado a ser un poco más arriesgada, pero no es mi naturaleza. A veces tengo mucho miedo de comenzar proyectos nuevos, pero él me ayuda a pensar que en la vida hay que tomar riesgos; en ocasiones las cosas salen bien, en algunas regular y en otras mal. Pero al final, luego de ver los resultados, sin importar cuáles sean, nos sentimos bien porque lo intentamos y sabemos que siempre habrá una nueva oportunidad para volverlo a intentar. Dios, en su Palabra, nos exhorta a no tener miedo. Versículos como estos que compartiré contigo, me ayudan a estar confiada en que mientras hay propósito, hay vida y oportunidad para volverlo a intentar:

✦ *"Así que no temas, porque yo estoy contigo; no te angusties, porque yo soy tu Dios. Te fortaleceré y te ayudaré; te sostendré con mi diestra victoriosa"*. (Isaías 41:10)

✦ *"Cuando siento miedo, pongo en ti mi confianza"*. (Salmos 56:3)

✦ *"El Señor está conmigo, y no tengo miedo; ¿qué me puede hacer un simple mortal?"*. (Salmos 118:6)

✦ *"Depositen en él toda ansiedad, porque él cuida de ustedes"*. (1 Pedro 5:7)

Ya que estamos tocando el tema de los miedos quiero preguntarte: ¿Te da miedo pedir? Conozco personas que la incertidumbre de la respuesta a su petición les causa mucha ansiedad y optan por no pedir. Creo que a la mayoría nos gusta pedir, aún más si tenemos la certeza de que nuestra petición será contestada.

Jesús dice: *"Pidan y se les dará; busquen y encontrarán; llamen y se les abrirá. Porque todo el que pide, recibe; el que busca, encuentra; y al que llama, se le abrirá. ¿Quién de ustedes, cuando su hijo le pide pan, le da una piedra? ¿O si le pide un pez, le da una serpiente? Si ustedes, que son malos, saben dar cosas buenas a sus hijos, ¡cuánto más el Padre celestial dará cosas buenas a aquellos que se las pidan!"* (Mateo 7: 7-12)

Qué maravilloso es que Jesús nos diga en su Palabra que pidamos y se nos dará. Es horrible andar buscando algo que se nos ha perdido; nos produce una gran ansiedad y frustración. Pero en su Palabra, Jesús nos dice que con Él eso no pasa, porque si buscamos, encontraremos. Hay una promesa envuelta. Además, nos dice que si llamamos se nos abrirá. Jesús nos promete que nuestras peticiones serán escuchadas, que encontraremos respuestas (aunque no sean las que deseamos escuchar) y que se nos abrirá una nueva puerta de oportunidad cada vez que la necesitemos. Yo digo que Jesús es experto en abrir puertas, pues carpintero al fin, Él las hace y las abre para nosotros.

Vive a la expectativa de lo que Dios hará en tu vida. Siempre habrá una nueva puerta a punto de abrirse.

Todo en su Palabra tiene relevancia en nuestra vida, todo es pertinente, Jesús no dijo nada porque sí. Su Palabra tiene vida y tiene repercusión en la nuestra. No tenemos que temer a nada y tampoco debemos tener miedo de pedirle.

> *Todo en su Palabra tiene relevancia en nuestra vida, todo es pertinente.*

Nos confronta preguntándonos: *¿Quién de ustedes, cuando su hijo le pide pan, le da una piedra?* Es imposible pensar que un padre o una madre pueda hacerle algo así a un hijo. Primero, porque nunca queremos que nuestros hijos pasen hambre, y si tuvieran hambre, nunca le daríamos a comer una piedra. Como padres somos diligentes a cumplir las peticiones de nuestros hijos, aún más si están relacionadas a suplir sus necesidades primordiales. ¿Cuánto más Dios hará por nosotros, sus hijos?

Dios nos ama, nos cuida y quiere lo mejor para nosotros. Sin embargo, nos dice que tenemos que pedir, buscar y llamar. Tenemos que tomar acción para tener una respuesta de parte de Él a nuestra vida. Porque si leíste bien, te habrás fijado en que esa escritura dice que somos malos. Y aún siendo malos, sabemos dar cosas buenas a nuestros hijos. ¿Cuánto más hará Dios por nosotros? Él es bueno. Además de bueno es todopoderoso. No dudes en creer lo que dice este Evangelio, ya que toda Palabra tiene poder y relevancia en nuestra vida hoy.

Te invito a que salgas de tu zona de comodidad, aunque te tiemblen las piernas. Después de todo, sabes que, si te equivocas, tendrás una nueva oportunidad. No tengas miedo en ser real y sensible, como lo fue Michelle con la reina Isabel. Cada día de tu vida, recuerda y guarda en tu corazón la promesa de Jesús de que, si pides, se te dará. ¡No tengas miedo!

El valor de la amistad

"La única manera de poseer un amigo es serlo".
Ralph W. Emerson

Doy gracias a Dios porque me ha permitido tener una diversidad de amigas increíbles. Con algunas mantengo mucho contacto, con otras hablo de vez en cuando, con algunas ya no, pero todas tienen un lugar especial en mi corazón. La amistad surge siempre de diferentes maneras; con cada amiga se crea una historia. Les quiero contar cómo surgió, hace varios años, mi amistad con una gran amiga.

Mi esposo y yo estábamos participando de una dinámica entre los líderes de la iglesia a la cual asistimos y había que escoger a una familia con la cual nos comprometiéramos a estar "juntos en la brega" (una manera de decir que estaríamos juntos en las buenas y en las malas). Aún no decidíamos a qué familia escogeríamos. Un día, un matrimonio nos invitó a su casa y allí nos dijeron: *"No tenemos nada que darles, pero Dios puso en nuestro corazón que los escogiéramos a ustedes para estar juntos en la brega".*

Nosotros decidimos hacer el mismo compromiso con ellos y así comenzó nuestra amistad. Nos hacíamos llamar los 4 fantásticos en nuestro chat de WhatsApp. Ella y yo nos hicimos muy amigas, confidentes. Nos encanta compartir ideas de cómo hacer crecer nuestros negocios, nos apoyamos, a nuestros hijos les encanta estar juntos, hasta su hija comenzó a decirme "titi". Ya somos familia. Y no te miento al decirte que hemos estado juntas, en las buenas y en las malas.

Los procesos que he vivido junto a esta amiga me han enseñado el valor de la amistad y la diferencia que hace un buen amigo, tanto en los momentos felices como en los tristes. Vi cómo se destruyó su hogar, lloramos juntas, fue un año muy difícil. La separación de ella y su esposo fue algo que sufrí, casi como algo propio. Nos mantuvimos orando juntas, creyendo por un milagro. Vivimos el dolor profundo que causó el divorcio. Luego de un año, la vi volver a sonreír, volvió a soñar, porque se mantuvo creyendo que Dios es quien tiene el control y Él hace todo nuevo. Ella y su esposo vieron el milagro, Dios restauró su familia. Como amiga, me siento muy feliz y privilegiada de haber estado tan cerca y haber empeñado mi fe para ver cumplido su milagro.

Valoro la amistad porque me permite crecer, me permite vivir experiencias que de otra manera no las viviría. He aprendido a escuchar, dar consejos cuando me los piden y a tener que callar cuando no son solicitados. Los amigos son regalos de Dios. Los amigos nos ayudan a ser transparentes, nos hacen poner los pies en la tierra y ver la realidad de las situaciones. Nos animan, nos consuelan, nos aconsejan, nos aman, nos escuchan, nos levantan y eso mismo debemos hacer nosotros con ellos.

> *"No hay amor más grande que dar la vida por los amigos".* (Juan 15:13)

Cada amiga deja una huella en nuestro ser; siempre habrá parte de ellas en nosotras y de nosotras en ellas. Estoy agradecida por todas las amigas que he tenido y por las que aún permanecen cerca. Sobre todo, agradezco a aquellas que supieron amar a la princesa en mí y, sin juzgarme, me ayudaron a llevar la corona correcta. Agradezco también a aquellas que me han permitido estar cerca. Gracias por concederme el privilegio de ayudarlas a conocer su identidad y mostrarles que son princesas.

Se habla de Dios como Padre y Creador, pero Él también es nuestro amigo. Y esta verdad debe elevar el valor de la amistad a un

> *Un amigo verdadero se mantiene en nuestras vidas más allá del tiempo y la distancia.*

nivel más alto en nuestras vidas. Una de las maneras en las que Dios habla a mi vida es a través de los amigos, de las relaciones. Siempre he sentido que es difícil ser una buena amiga. Creo a muchas se nos complica poder cumplir con todos los amigos y dejamos tantos cafés pendientes. Ya sea por el trabajo, la familia o simplemente porque las agendas nunca coinciden. Sin embargo, un amigo verdadero se mantiene en nuestras vidas, más allá del tiempo y la distancia.

La verdad es que no tengo muchas amigas, aunque sí conozco mucha gente. Pero amigas reales, de las que te conocen de verdad y están contigo en las buenas y en las malas, no tengo muchas. Creo que, por eso, la verdad de que Jesús es mi amigo me llega tanto al corazón. Porque la amistad con Dios te acerca a personas que tienen su corazón alineado al de Él. Siempre habrá personas que te ayudarán a permanecer cerca de Dios, que te amarán, te cuidarán y le darán sentido a la amistad. Yo valoro la amistad. Los amigos nos hacen la vida más alegre y se convierten en familia.

Jesús nos dice que somos sus amigos, que Él nos eligió, nos destinó para ir y dar fruto (en todas las áreas de nuestras vidas). Además, su amistad nos otorga un gran privilegio: todo lo que pidan al Padre en su nombre, Él se lo concederá. Su amistad nos da acceso a bendiciones, bienestar, restauración, salud, progreso, perdón… su amistad nos da un futuro lleno de esperanza. Su amistad nos lanza un reto: amarnos los unos a los otros. Siempre el amor es la clave, la respuesta, la gran solución.

Todos merecemos amigos fieles que nos impulsen a ser mejores, que nos motiven a crecer, que apoyen nuestros sueños y nos ayuden a alcanzarlos. Todos necesitamos amigos que nos quiten las máscaras, que nos confronten, que nos digan lo que no queremos escuchar, con quienes podamos ser transparentes, con quienes podamos reír o llorar. Valoremos los amigos, valoremos su amor y seamos fieles en mantener la relación. Seamos buenos amigos, seamos hermanos, seamos la mejor amiga que alguien pueda tener. Esto lo podemos lograr, siguiendo un gran ejemplo; imitemos a Jesús, quien hace amigos, los bendice y los lleva al Padre.

Jesús dijo a sus discípulos:
«Como el Padre me amó, también yo los he amado a
ustedes. Permanezcan en mi amor. Si cumplen mis
mandamientos, *permanecerán en mi amor, como yo*
cumplí los mandamientos de mi Padre y permanezco en
su amor. Les he dicho esto para que mi gozo sea el de
ustedes, y ese gozo sea perfecto.» Este es mi
mandamiento: Ámense los unos a los otros, como yo los he
amado. No hay amor más grande que dar la vida por los
amigos. Ustedes son mis amigos si hacen lo que yo les
mando. Ya no los llamo servidores, porque el servidor
ignora lo que hace su señor; yo los llamo amigos, porque
les he dado a conocer todo lo que oí de mi Padre. No son
ustedes los que me eligieron a mí, sino yo el que los elegí a
ustedes, y los destiné para que vayan y den fruto, y ese
fruto sea duradero. Así todo lo que pidan al Padre en mi
Nombre, él se lo concederá. Lo que yo les mando es que se
amen los unos a los otros». (Juan 15:9-17)

¿Cuál es
mi propósito?

*"Me gustaría ser la reina en los corazones de la gente,
pero yo no me veo siendo la reina de este país".*
-Diana de Gales

Cuando comencé a seguir a Jesús, uno de los primeros libros que leí fue: *Una vida con propósito*, de Rick Warren. Para ser sincera, cuando terminé de leerlo me sentía igual de perdida que cuando comencé la lectura. No digo que es un mal libro, solo que yo tenía muy altas expectativas de él. Recuerdo que, en el año 2004, una amiga de mi mamá se lo regaló y como a mi madre no le gusta leer, terminó en mis manos.

Lo leí pensando que iba a encontrar una contestación específica a mi situación. Había culminado mi bachillerato y estaba comenzando mi maestría. Era un tiempo cuando trabajaba mucho: estaba en un programa de radio en las mañanas, escribía para una revista y colaboraba en un programa de televisión. Hacía de todo un poco y aun así, había un vacío dentro de mí que nada podía llenar. Me involucré en viajes misioneros, retiros espirituales y grupos de apoyo, entre otras cosas, pero no encontraba mi propósito. Estuve años buscando una contestación, pensaba que pasaría algo sobrenatural para entender lo que Dios quería conmigo o de mí. Luego conocí a mi esposo, quien ya había entregado su vida al Señor. Mi esposo es todo lo que yo necesitaba y más. Sin él saberlo, Dios lo ha usado, desde el primer día, para hablarme y guiarme a mi propósito.

A pesar de que había aceptado al Señor en mi corazón, no había sometido mi corazón a su señorío. Recuerdo que al año de haberme casado, durante un mensaje en la iglesia, comprendí el valor de tener a Dios en mi vida y me comprometí con Él de una manera real, aún sin tener claro mi propósito. Yo sé que todos tenemos como propósito general dar a conocer a Jesús. Nuestra misión es llevar las buenas nuevas de salvación a todo el mundo, modelar con nuestro ejemplo el amor de Dios y vivir su Palabra. Sin embargo, yo anhelaba algo más personal y descubrí que, aunque todos tengamos un mismo propósito, Dios tiene un plan con cada uno de nosotros.

> *A ti y a mí nos toca, según nuestros talentos y dones, identificar cuál es el plan de Dios y alinear nuestras metas a ese plan divino.*

A ti y a mí nos toca, según nuestros talentos y dones, identificar cuál es el plan de Dios y alinear nuestras metas a ese plan divino. Así que no significa que Dios tiene que cumplir todo lo que deseamos y ajustarse a nuestros planes. Todo lo contrario; tenemos que confiar y someternos a sus planes que son buenos, agradables y perfectos.

Así que, en mi caminar con Jesús entendí que debo cumplir mi propósito de dar a conocerlo y me esfuerzo en hacerlo de maneras simples cuando me relaciono con otros. Me enfoco en brindar de su amor a las personas con quienes interactúo diariamente, soy íntegra en mis negocios, me esfuerzo por ser una esposa y madre que muestre su bondad, amor y misericordia.

Creo que cada día es una nueva oportunidad para establecer metas que vayan ajustadas a los planes de Dios y cumplan su propósito. ¿Te atreves a hacer lo mismo? Para que puedas identificar tu propósito necesitas conocer tus talentos, habilidades, aquello que disfrutas hacer, con lo cual sientes que eres bendecido mientras bendices, de alguna manera, la vida de los demás.

Una de las estrategias que uso para cumplir con mi propósito, según mis habilidades y talentos, es escribir. Este es mi segundo libro, en el cual abro mi corazón y cuento un poco de mi historia. Siempre me han apasionado las letras, nunca los números (soy muy mala en matemáticas). Nunca pensé que Dios me permitiría convertirme en autora y mucho menos que ayudaría, educaría y motivaría a tantas personas a convertirse en autores independientes. En los últimos cinco años he ayudado a más de veinte escritores a publicar sus libros.

Aunque promuevo la alternativa de publicar libros de manera independiente, sueño con que algún día mis libros sean publicados en una casa editorial; creo que también es el anhelo de muchos escritores. Sin embargo, no tener la oportunidad de publicar con una casa editorial no me ha limitado en llevar a cabo el propósito de Dios en mi vida. No dejaré de escribir lo que Él ponga en mi corazón, porque ya sé cuál es mi llamado. No voy a dejar que mis ideas mueran en una computadora cuando tengo alternativas para darle vida a esos escritos a través de los libros.

Tampoco dejaré de impulsar a otros escritores a que cumplan sus sueños y publiquen sus libros. Esos libros pueden dar libertad, sabiduría, esperanza, motivación, inspiración, educación, o entretenimiento a muchos lectores alrededor del mundo. Cada autor que publica un libro deja un legado, no tan solo a su familia, sino al mundo entero. Cada libro cuenta una historia que merece ser leída, una historia con el potencial de impactar e inclusive cambiar la vida de otros.

Cuando escribimos abrimos no solo la mente, sino el corazón. Los escritores nos volvemos vulnerables, sin miedo plasmamos con letras lo que pensamos, sentimos y soñamos. Nunca menosprecies el trabajo de otro escritor. Date la oportunidad de leerlo y absorber lo que su historia tiene que hablar a la tuya.

Recuerda que Dios tiene planes contigo. No lo dudes. El propósito de Dios no puede ser estorbado; Él cumplirá sus promesas en tu vida. Su propósito prevalecerá siempre y vivirás en bendición. ¡Créelo!

Dios tiene un propósito para todo el mundo
"Pero yo te he levantado para este mismo propósito, para mostrar mi poder y para que mi nombre sea anunciado en toda la tierra". (Éxodo 9:16)

El propósito de Dios no puede ser estorbado
"Yo sé que tú puedes hacer todas las cosas; ningún propósito tuyo puede ser estorbado". (Job 42:2)

El propósito de Dios es lo que prevalece
"Muchos pensamientos en el corazón del hombre, pero es el propósito del Señor que prevalece". (Proverbios 19:21)

Cada persona nace con un propósito
"Como aguas profundas es el consejo en el corazón del hombre; mas el hombre entendido lo alcanzará". (Proverbios 20:5)

Una vida sin filtros

"Creo que las redes sociales son muy positivas en nuestras vidas, porque podemos compartir información y conocimiento, pero en las manos equivocadas pueden esparcir negatividad y odio".
–Madison Anderson
Miss Puerto Rico Universe 2019

Comidas que lucen deliciosas, frases motivadoras o religiosas, vida saludable, cuerpos perfectos, viajes por todo el mundo, fotos con filtros divertidos o filtros que te hacen ver más joven y hermosa, lo último en la moda y los mejores equipos tecnológicos… eso y mucho más encontrarás en las redes sociales. La pregunta es, ¿qué es real? Todos presentamos en nuestras plataformas sociales lo que queremos que los demás vean de nuestras vidas, les presentamos una imagen editada de nuestra realidad, pero no nuestra vida real.

Si eres de mi generación o de antes, seguramente das gracias a Dios porque las redes sociales no existían y tu vida entera no está publicada en Internet. Acepto que me gustan las redes sociales, las encuentro útiles para trabajar y muy divertidas para socializar, pero no son mi vida. En mi caso, las redes sociales son parte de mi trabajo. Mantenerlas al día ocupa parte de mi agenda diaria, ya que manejo mis cuentas y las cuentas de los negocios de mi esposo. A pesar de esto, soy consciente de que las redes sociales no son una prioridad en mi vida. Sin embargo, todos tenemos que tener mucho cuidado de no caer en la trampa de vivir en un mundo virtual y estar desconectados de la realidad.

La vida es mucho más bella que lo que te venden las redes sociales. Tienes que salir y vivir sin la tensión de tomar una buena foto, o grabar una

> *Si te abres al mundo y vives con intensidad, sin flitros, ni en busca de "likes"... serás más feliz.*

historia o un video para YouTube. La vida es más intensa, tiene más pasión, alegría y drama que cualquier serie de Netflix. ¿No me crees? ¡Sal y vive! Estoy segura que si te abres al mundo y vives con intensidad, sin filtros, ni en busca de "likes"... serás más feliz.

Todo se trata de hacer un balance. No podemos huir de la tecnología, pero tampoco sumergirnos en ella al punto de que nos ahogue. Dios ha puesto a nuestro alcance un mundo que nos ofrece los paisajes más espectaculares que jamás verás, olores y sabores que en un mundo virtual no apreciarás.

"No se amolden al mundo actual, sino sean transformados mediante la renovación de su mente. Así podrán comprobar cuál es la voluntad de Dios, buena, agradable y perfecta."
(Romanos 12:2)

Podemos disfrutar de la tecnología, pero debemos ser sabios en los siguientes dos aspectos:

✦ Administrar bien el tiempo que invertimos en las redes sociales.

✦ Cuidarnos de no caer en la fantasía que nos venden estas plataformas.

Cada uno de nosotros debe entender que no tenemos que comparar nuestra vida, y mucho menos menospreciarla, por lo que vemos que tienen o hacen los demás. Seamos agradecidos y vivamos de verdad. Vivamos en la voluntad de Dios que es buena, agradable y perfecta. Esa es la vida que Él quiere para nosotros, experiméntala con todos tus sentidos, con intensidad, pasión, alegría, entrega y propósito. Vivir tu vida de verdad, eso sí merece un "like".

Debes elegir ser auténtica en lugar de vivir de apariencias. Nada se compara con poder vivir en la libertad de ser tú misma, sin filtros que distorsionen quién eres y cómo debes vivir. Tienes que aprender a verte con los ojos de Dios, quien dice que tú eres su obra maestra.

> *"Pues somos la obra maestra de Dios. Él nos creó de nuevo en Cristo Jesús, a fin de que hagamos las cosas buenas que preparó para nosotros tiempo atrás".*
> (Efesios 2:10)

Es difícil no dejarnos llevar por la corriente, pero debemos evitar llegar a los extremos. Como sociedad estamos en un punto donde no podemos vivir sin la tecnología, pero tampoco podemos depender totalmente de ella y abusar de su uso. No podemos permitirnos vivir una vida llena de apariencias, porque al final eso traerá falta de identidad, vacíos, soledad y tristeza. Seamos lo más transparentes posibles, pero sin caer en usar las redes como altoparlante de nuestros problemas.

Cuando necesites hablar, contacta a algún amigo o amiga y salgan a conversar. Realmente, ninguna red social se compara con relacionarnos, escucharnos, abrazarnos y estar conectados, sin necesidad de la tecnología.

> *Vivir de apariencias te hace esclavo de los demás.*

Vive sin filtros, aprende a amarte y ten la disposición de mejorarte cuando sea necesario. No empeñes la libertad que Dios te da por el qué dirán de los demás. Cuando identifiques en ti un área para mejorar, ya sea una actitud negativa o una debilidad, trabájala. No le pongas un filtro para que luzca más bonita. Destapa la realidad y trabájala. Esfuérzate por vivir una vida real, intensa, llena de amor por ti y por los demás, con un propósito claro y una identidad definida.

"…pues Dios ve no como el hombre ve, pues el hombre mira la apariencia exterior, pero el SEÑOR mira el corazón". (1 Samuel 16:7)

Dios, gracias por todo

Había un pájaro que vivía en el desierto, muy enfermo, sin plumas. No tenía nada para comer, ni beber, estaba sin refugio para vivir; maldiciendo su vida, día y noche. Un día, un ángel estaba cruzando ese desierto y el pájaro detuvo al ángel y le preguntó:

– ¿A dónde vas?

El ángel respondió: – Voy a encontrarme con Dios.

Entonces, el pájaro le pidió al ángel que, por favor, le preguntase a Dios cuándo terminaría su sufrimiento.

El ángel le dijo: – ¡Por supuesto, lo haré!

Y el ángel se despidió del pájaro.

Al encontrarse con Dios, el ángel le compartió el mensaje del pájaro. El ángel le contó su patética condición y preguntó cuándo terminaría su sufrimiento.

Dios respondió: – Durante lo que le queda de vida, el pájaro no tendrá felicidad...

El ángel le respondió que cuando el pájaro oyera esto, se desanimaría. Entonces, le preguntó si podría sugerir alguna solución para esto.
Dios le respondió: – Dile que ore de esta manera: "Dios, gracias por todo".

El ángel volvió hasta al pájaro y le entregó el mensaje de Dios. Una semana después, el ángel pasó de nuevo por el mismo camino y vio que el pájaro estaba muy feliz. Las plumas habían crecido en su cuerpo, una pequeña planta creció en la zona desértica, un pequeño estanque de agua también estaba allí, y el pájaro estaba cantando y bailando alegremente. El ángel estaba asombrado de cómo sucedió esto porque recordó que Dios dijo que por lo que le quedaba de vida, no habría felicidad para el pájaro. Con esa inquietud en mente, fue a visitar a Dios de nuevo.

El ángel preguntó y Dios respondió:
– Sí, no iba a haber felicidad para el pájaro, pero todo cambió debido a que está orando diariamente "Dios, gracias por todo", ante cada situación.
Cuando el pájaro caía sobre la arena caliente, decía: "Dios, gracias por todo". Cuando no podía volar, repetía: "Dios, gracias por todo", así que sea cual sea la situación, el pájaro siguió repitiendo: "Dios, gracias por todo" y por lo tanto cambió lo que le quedaba de vida.

El propósito de esta historia es reflexionar acerca del agradecimiento. Para muchos es más fácil quejarse por todo lo que, según ellos, no va bien en sus vidas, en lugar de dar gracias. Cuando tenemos una constante y real actitud de agradecimiento, demostramos que confiamos en la voluntad de Dios.

En una ocasión, una persona cuestionó mi manera de ser agradecida. Entendía que, como no lo demostraba de la manera que él quería, yo no era una persona agradecida. ¿Y saben qué? No estaba más lejos de la realidad. Tengo defectos, pero si de algo estoy segura es que soy una mujer agradecida, más aún en estos últimos años donde he vivido caminando por fe.

He vivido momentos difíciles, si no los sabes es porque no publico en las redes sociales mis problemas; esos se los cuento a Dios. En una ocasión, en medio de un proceso de incertidumbre cuando tenía muchas preguntas sin respuestas, Dios me permitió vivir experiencias hermosas. Yo sentí que en medio del dolor que vivía, a causa de una injusticia que habíamos vivido como familia, Dios tenía un trato especial conmigo y mi familia. Con detalles me recordó que me ama y que mi llamado aún estaba vigente, porque venía de parte de Él.

Cuando vivimos con un corazón agradecido, aun en medio de las circunstancias difíciles, Dios se mueve a nuestro favor y nos demuestra su amor con detalles específicos. Aclaro que lo que es un gran detalle de Dios para mí, puede que para ti no lo sea, ya que Él tiene un trato especial con cada persona.

Hay ocasiones en las que podemos experimentar el amor de Dios de una manera diferente. Son temporadas en las que Él sabe que necesitamos sentirlo de una forma especial, y eso fue lo que viví en mayo de 2019.

Desde hace muchos años anhelaba, en realidad como niña chiquita soñaba algún día visitar la iglesia Casa de Dios en Guatemala. En realidad, era un sueño que compartía con mi esposo. Ambos deseábamos hacerlo, pero lo veíamos como algo muy lejano y hasta cierto punto difícil. Habíamos escuchado historias de algunas personas que habían viajado hasta Guatemala y nos advirtieron que para entrar a los servicios en dicha iglesia era difícil, debido a la cantidad de gente que la visita. Así que, nos preguntábamos cómo haríamos ese viaje, sin tener la seguridad de tan siquiera poder entrar a la iglesia Casa de Dios.

Entonces, un día, sin esperarlo, sin buscarlo, Dios me permitió viajar a Guatemala junto a una de las predicadoras invitadas, la pastora Omayra Font. Obviamente, pude entrar sin problemas a la iglesia y disfrutar al máximo la experiencia. Ese fin de semana la Conferencia Mujeres 3110 fue un retiro para mí, pude escuchar y ser ministrada en todas las charlas. Y como Dios es tan detallista, para cerrar con broche de oro, la conferencia terminó con un concierto de mi adoradora favorita, Marcela Gándara. Yo sentí que ese fin de semana Dios lo preparó solo para mí. Sé que no fue así, pero cuando surgió esta oportunidad yo atravesaba un momento de muchas dudas, no podía ver el futuro con claridad y me sentía desesperanzada. Agradezco a la pastora Omayra Font por permitirme vivir una experiencia tan hermosa. Ella fue un canal de bendición para mí y mi familia, ya que de ese viaje regresé renovada y enfocada, tanto emocional como espiritualmente.

Ese fin de semana Dios no solo me susurró su amor, sino que me lo gritó. Me llenó de detalles y de su Palabra. Espero que puedas entender cuán especial fue lo que viví; quizás no logres entenderme. Solo quiero hacerte reflexionar en que, con un Dios tan detallista, amoroso, protector, compasivo y misericordioso, ¿quién no vive agradecida?

Estoy segura de que si haces memoria recordarás algún momento donde hayas experimentado los detalles de Dios y tu corazón se haya desbordado en agradecimiento. Él conoce cómo hablar a tu vida y hacerte entender cuánto te ama. Cada día hay un milagro esperando por ti, cada día hay razones para vivir, para agradecer y celebrar la vida.

> *"Cada día hay un milagro esperando por ti, cada día hay razones para vivir, para agradecer y celebrar la vida".*

Como tú, he pasado momentos duros, sin embargo, siempre he encontrado una razón para dar gracias y esa razón me hace mantenerme de pie, creyendo que algo mejor vendrá. Sin importar la situación difícil que estés viviendo, reconoce los detalles de Dios y agradécelos. Dios es siempre bueno. Vive confiada porque Él cuida de ti y suplirá todas tus necesidades.

No tengo todo lo que quiero, pero tengo todo lo que necesito. No he alcanzado todas mis metas, pero lucho cada día por cumplirlas. No lo sé todo, pero busco sabiduría en la Palabra de Dios. Estoy en constante crecimiento, viviendo un día a la vez y agradeciéndolo.

Así que imitemos al pájaro de la historia, que comenzó a agradecer en medio de un panorama que no era alentador, pero esa oración provocó que todo cambiara. Lo primero que cambia cuando somos agradecidos con Dios es nuestro punto de vista. Comenzamos a enfocarnos en lo que tenemos, en lugar de aquello que nos falta. Debido al sentimiento que provoca ser agradecidos, comenzamos a experimentar gozo, paz y confianza. Si compartimos con nuestros amigos o familiares el proceso que estamos viviendo, esto provocará un cambio en todos, ya que ellos también aprenderán a ser agradecidos.

"Dios, gracias por todo". Esta simple oración realmente tiene un profundo impacto: hace que comencemos a entender lo bendecidos que somos. Demos gracias a Dios por nuestro pasado, demos gracias a Dios porque no somos como éramos antes, por los cambios, por las pérdidas y las ganancias, por la alegría y los momentos tristes. Demos gracias a Dios siempre.

"Estén siempre alegres, oren sin cesar, den gracias a Dios en toda situación, porque esta es su voluntad para ustedes en Cristo Jesús".
(1 Tesalonicenses 5:16-18)

Arriésgate

"... si perezco, que perezca". (Ester 4:16)

¿Cómo hablar de reinas y no mencionar a la reina Ester? Para quienes no sepan quién es ella, haré un breve resumen de su vida (pueden leer más en el libro de Ester en la Biblia).

Ester nació como una esclava en la cautividad y fue criada por su primo Mardoqueo. Era una hermosa joven judía que, por causa de su belleza, se convirtió en reina de Persia y de Media cuando se casó con el rey Asuero, quien era pagano. En el reino había un hombre llamado Amán, quien odiaba a Mardoqueo, porque este no se arrodillaba ni se inclinaba ante él, como lo había ordenado el rey. Así que, lleno de odio, Amán conspiró para exterminar a todos los judíos, pero él no sabía que la reina Ester era judía y había sido asignada de antemano por el Señor para salvarlos.

Ella descubrió el propósito de su vida cuando su primo Mardoqueo le dijo: *¿Quién sabe si para esta hora has llegado al reino?"* Con valentía ella contestó: *"...entraré a ver al rey, aunque no sea conforme a la ley; si perezco, que perezca".* (Ester 4:16)

La historia de Ester nos muestra que Dios la pone en el trono con una misión, con un propósito, el cual no tiene que ver directamente con ella, sino con el pueblo de Dios. La historia de Ester me hace abrazar la idea de que Dios me permite vivir experiencias que al final serán de bendición para los demás, no solo para mí. Tenemos que entender que el mundo no gira a nuestro alrededor, que no se trata de nosotros y para nosotros. Se trata de Dios, todo es por Él y para Él.

Quizás te suceda como a la reina y no entiendes el tiempo de Dios o su plan para tu vida. Pero no tienes que entenderlo, solo tienes que estar dispuesta a obedecerlo. Busca escuchar su voz, a través de su Palabra, y Él te revelará cada paso que debas dar.

Cuando descubras el plan de Dios para tu vida te sentirás fortalecida. No importa en la posición que estés, si sabes que Dios te ha llamado, Él te permitirá vencer cada obstáculo en el momento que se presente.

Ya verás que, aunque tengas miedo de hacer lo que Él te ha llamado a hacer (abrir un negocio, pedir perdón o perdonar, comenzar una relación, encaminarte en un ministerio, lo que sea que te ha llamado) será fácil arriesgarte porque Él va contigo. Ve confiada porque tienes la seguridad de que Dios está contigo y cuida de ti.

Cuando Ester dijo: *"si perezco, que perezca"* no estaba siendo fatalista; sencillamente se estaba poniendo en las manos del Señor, sabiendo que hasta la misma muerte puede ser afrontada con seguridad cuando confías en Dios. El Señor no solo tiene un lugar para ti aquí en la Tierra, también tiene uno preparado en el cielo. Y sabiendo esto, no tienes nada que perder.

"Arriésgate a vivir la vida que Dios quiere para ti".

Por eso te invito a ser arriesgada. Aventúrate en aquello para lo que has sido llamada. Vas a encontrar obstáculos, te vas a desanimar, llorarás, dejarás los proyectos en pausa, comenzarás desde cero, caerás, te levantarás…

Arriésgate a vivir la vida que Dios quiere para ti. Sabrás que estás en su voluntad si lo que haces te bendice y bendice a su pueblo.

Mujer, no podemos acobardarnos. Levantemos la cabeza, afrontemos la situación que tengamos y en el nombre de Jesús gritemos con fuerza: "Señor, tú me has enviado y yo obedeceré, si perezco, que perezca".

Soñar sí cuesta

¿Quién dijo que los sueños tienen que permanecer como sueños?
— Princesa Ariel "La Sirenita"

¿Has escuchado la frase "soñar no cuesta nada?". Pues, no estoy de acuerdo, porque soñar sí cuesta. No me refiero a que cuesta dinero, sino que cuando sueñas y comienzas a caminar en pos de ese sueño, pones en préstamo tus emociones, tus pensamientos, tus ideas, tu esfuerzo. ¿Vale la pena soñar? Sí ¿Los sueños, sueños son? No. Los sueños pueden llegar como si Dios estuviera compartiendo un secreto contigo. Te susurra una idea que enciende una llama en ti. Nunca estarás completamente segura de que funcionará, pero debes arriesgarte.

Creo que Dios disfruta vernos soñando, porque soñar es un acto de fe. Atrévete a soñar con una familia diferente, una relación mejor, un nuevo trabajo, emprender un negocio propio o desarrollar tus talentos... para todo esto y mucho más se requiere tener fe.

En nuestro caso como familia, estamos soñando y trabajando por lograr tener libertad financiera. También soñamos con seguir trabajando y desarrollando nuestros talentos y el de nuestros hijos. Por varios años, hemos trabajado por cuenta propia en la industria del entretenimiento y hemos experimentado el favor de Dios y su provisión. Hay meses que han sido difíciles, sin embargo, seguimos soñando, creyendo en el sueño de Dios para nuestras vidas y caminando hacia mejores temporadas. Porque no todo se trata del beneficio económico; en la vida hay cosas con mayor valor que el dinero.

"En la vida hay cosas con mayor valor que el dinero".

Hace varios años estuve apoyando a una amiga en su sueño de lanzar y vender una línea de productos naturales para el cuidado de la piel. Trabajé junto a ella por dos años, pero mientras más me envolvía en su sueño... más me alejaba del mío. Así que tuve que evaluar mi situación y decidir que ya era tiempo de que ella siguiera sola. Ya le había compartido todas las herramientas que ella necesitaba para continuar y estaba segura de que le iría bien sin mí. Gracias a Dios así ha sido. Mi amiga sigue soñando y creciendo con su compañía. Desde que decidí enfocarme en mi sueño he ayudado a más de 20 escritores a convertirse en autores independientes, y publiqué mi segundo libro (este que estás leyendo).

Esforzarse vale la pena. Como hijos de Dios no deberíamos estar inmóviles. Tenemos que ser como el agua, estar en constante movimiento y fluir ante cada situación. Para algunos soñar es muy arriesgado, ya que sus emociones se ven comprometidas y prefieren no arriesgarse ante la posibilidad de fracasar. Otros le temen al fracaso, cuando del fracaso también se aprende.

"Los sueños de Dios son los que impulsan tu vida hasta que alcances lo que Él tiene para ti".
-Otoniel Font

No temas soñar, no temas creer, no temas a escuchar la voz de Dios. No puedes dudar de su plan. De la misma forma como cada noche tenemos la oportunidad de soñar, cada día tendremos la oportunidad de ejecutar esos sueños y llevarlos a cabo.

Los sueños cuestan risas, lágrimas, triunfos, fracasos, amigos, enemigos…. Soñar vale el esfuerzo, "vale la pena" como decimos los puertorriqueños. ¡Soñar lo vale todo!

Amiga, Dios sueña contigo; son dulces sueños los que Él tiene acerca de ti. Dios quiere verte bien, realizada, próspera, feliz, saludable, plena y victoriosa. Levanta tu cabeza y lleva con orgullo tu corona de princesa. Esa tiene mucho valor, pues te la ha dado Dios.

Tiempo de crecer

"Los cambios toman tiempo, convertirnos en la mejor versión de nosotras mismas es un proceso que comienza de adentro hacia fuera".
-Amneris Meléndez

Todos tenemos un tiempo determinado para crecer y dar fruto; para crecer y cumplir nuestro propósito, para convertirnos en aquello para lo que fuimos creadas. No te esfuerces, ni pretendas ser la misma persona que eras hace 10 años atrás, 5 años atrás, ni siquiera la que eras el año pasado. Todas las personas crecemos, evolucionamos, cambiamos, maduramos y es necesario que así suceda. Con frecuencia tenemos que detenernos e identificar qué características debemos fortalecer. Estas deben ser aquellas con las cuales damos buenos frutos. Al mismo tiempo, debemos esforzarnos para eliminar aquellas que no producen nada bueno en nuestras vidas.

Mientras crecemos tenemos que ir haciendo ajustes, ya que cada acción que hagamos provocará algo en otros. Nuestras acciones son como semillas. Todo lo que sembramos, eso mismo cosecharemos. Pero, ¿qué pasa si sembramos y no vemos crecimiento ni fruto? Porque la realidad es que en la mayoría de las ocasiones queremos ver un fruto inmediato; si no es inmediato, por lo menos, que no tardemos mucho en ver los resultados de aquello que plantamos. Calma… no todo crece rápido. Hay procesos de crecimiento que tardan más. Si aún no ves fruto, puede ser que aquello que sembraste crezca como lo hace un bambú japonés.

¿Un bambú japonés? Te explico. Hay algo muy curioso que sucede con el bambú japonés y que lo transforma en un proceso no apto para impacientes. Luego de sembrar y regar la semilla del bambú japonés, te darás cuenta de que durante los primeros meses no sucede nada. En realidad, verás que no pasa nada con la semilla durante los primeros siete años. Si eres como yo, que no se nada acerca de cultivar, podrías creer que las semillas eran infértiles. Sin embargo, algo comienza a ocurrir durante el séptimo año. En solo seis semanas la planta de bambú crece más de 30 metros. ¿Puedes creerlo? Podría parecer un evento inexplicable, pero no lo es. ¿Tardó solo seis semanas en crecer? No, la verdad es que se tomó siete años y seis semanas en desarrollarse.

¿Qué sucedió durante los primeros siete años de aparente inactividad? Durante ese tiempo el bambú estaba generando un complejo sistema de raíces que le permitirían sostener el crecimiento que iba a tener después de siete años. Las raíces deben estar firmes para poder sostener el crecimiento del bambú japonés y así mismo puede suceder contigo. Si aún no ves crecimiento en tu vida es porque están creciendo tus raíces, está creciendo en tu interior aquello que te sostendrá.

No siempre vamos a experimentar crecimiento o no siempre vamos a tener frutos visibles, sin embargo, debemos seguir regando y fertilizando, porque hay algo creciendo dentro de nosotras. Hay algo grande que está comenzando, de adentro hacia afuera. Es un cambio que inicia en nuestro interior y que luego se verá reflejado en nuestro exterior, en todas las áreas de nuestra vida: familia, trabajo, amigos, ministerio, proyectos... No te desesperes.

"Hay algo grande que está comenzando, de adentro hacia fuera".

Siempre hay tiempo de crecer, siempre hay tiempo para dar fruto. Todas crecemos y maduramos a un ritmo diferente. Solo asegúrate de que estás echando raíces en el lugar correcto, en tierra fértil, firme, en una tierra donde podrás permanecer. Mientras ves los frutos, procura estar en constante cambio para el bien de tu vida; echa raíces en todas esas áreas en las que quieres ver crecimiento.

Si en medio de este proceso de cambio y madurez, escuchas frases como estas: *"nena, qué mucho has cambiado"*... *"pero antes tú..."* *"me gustabas más como eras antes"*, no hagas caso a esas voces. Lamentablemente, a muchos les va a molestar verte crecer. Hay personas que van a detestar ver cómo tu semilla crece. No te excuses por no ser la misma de antes, no te avergüences por ser diferente a como eras antes, si ser diferente significa ser mejor.

Si te has superado a ti misma, si puedes dar testimonio de lo que Dios ha hecho en tu vida, no tienes por qué excusarte ni mucho menos avergonzarte. Debes sentirte orgullosa de no haberte conformado con menos de lo que Dios quiere para ti. De eso se trata crecer, de dejar nuestro pasado atrás y extendernos hacia lo que tenemos delante. Tienes mucho que dar, aún te falta crecer más.

"No quiero decir que ya haya logrado estas cosas ni que ya haya alcanzado la perfección; pero sigo adelante a fin de hacer mía esa perfección para la cual Cristo Jesús primeramente me hizo suyo. No, amados hermanos, no lo he logrado, pero me concentro únicamente en esto: olvido el pasado y fijo la mirada en lo que tengo por delante, y así avanzo hasta llegar al final de la carrera para recibir el premio celestial al cual Dios nos llama por medio de Cristo Jesús". (Filipenses 3: 12-14)

El poder que está en ti

Voy a hablar de tres poderes que tenemos dentro de nosotras y que si los identificamos y los trabajamos pueden provocar grandes cambios en nuestras vidas. Estos son: **las palabras, el servicio y el amor.**

✦ **Las palabras**

Salen de nosotros, son nuestros pensamientos expresados, es nuestro interior hablando en voz alta; es un poder que reside en nosotras, el cual debemos aprender a usar. Nuestras palabras son alimentadas por lo que pensamos, lo que creemos, los que escuchamos, lo que miramos. Todo lo que entra a nuestra mente sale transformado en palabras. Por eso, debes cuidar con qué alimentas tu mente.

"La muerte y la vida están en poder de la lengua, Y el que la ama comerá de sus frutos". (Proverbios 18:21)

✦ Cuida tus palabras, tienen poder

Lo que sale de nuestra boca no vuelve a entrar (pensemos antes de hablar, porque nos podemos arrepentir). El versículo nos dice que comeremos de sus frutos. Imaginemos que nuestras palabras son como semillas, las cuales debemos procurar plantar en buena tierra y sembrar con amor, para que sus frutos sean de vida y no de muerte.

Cuando las palabras son expulsadas viajan a una gran velocidad. Su impacto puede hacer daño o bien al corazón de quien las escucha. Cuida cómo le hablas a quienes te rodean (ten cuidado especial con los niños); elimina el sarcasmo, la burla, el chisme, el doble sentido y las malas palabras.

Quiero hacer énfasis en el punto de las malas palabras. Conozco personas que no usan palabras soeces en la iglesia, pero fuera de ella es otra historia y eso es muy triste. Creo que debemos enfatizar más en la educación sobre la importancia de cómo debemos hablar siempre.

En una ocasión, saliendo de una reunión de mujeres, mis hijos y yo íbamos en el carro de una amiga, donde había otra mujer que nos acompañaba. Entonces, esta mujer comenzó a hablar utilizando malas palabras frente a mis hijos. Lo que me sorprendió fue que ella no se inmutó, no se disculpó porque se le "zafó" esa palabra frente a ellos. Ella siguió muy normal con su narrativa. Para mí fue un momento muy incómodo. No tenía la confianza con ella para detenerla y decirle lo que hizo mal, pero tampoco pude decirles nada a mis hijos en ese momento.

Muchos dicen que los puertorriqueños hablamos así, que eso no es malo, que es normal en nuestra forma de hablar. Pero yo soy boricua y no hablo de esa manera, aunque, antes sí. Me gusta crear consciencia de este punto, porque yo viví una gran transformación en esa área. Yo sé que es una conducta que toma tiempo mejorar, pero con esfuerzo es posible.

Sé que es un cambio que toma tiempo, porque para lograrlo es necesario hacer un cambio de mentalidad. Te invito a que analices tu lenguaje e incluyas no solo si usas malas palabras, también si maldices, si insultas, si menosprecias, si usas doble sentido…. Analiza tu hablar y comprométete a cambiar.

"Las palabras amables son como la miel: dulces al alma y saludables para el cuerpo".
(Proverbios 16:24)

"No empleen un lenguaje grosero ni ofensivo. Que todo lo que digan sea bueno y útil, a fin de que sus palabras resulten de estímulo para quienes las oigan".
(Efesios 4:29)

✦ **La influencia de las palabras**

Con nuestras palabras podemos influir en la vida de quienes están cerca de nosotras e inclusive llevarle a tomar decisiones trascendentales (ya sean buenas o malas).

Así que, teniendo esto en cuenta:

- No des consejos que no han sido solicitados.
- No te entrometas en conversaciones ajenas.
- No quieras saber de más.

A veces no podemos con nuestras situaciones y queremos saber la vida de todo el mundo. Peor aún, muchos lo justifican, diciendo que quieren saber qué pasa para "orar". Podemos orar sin saber los detalles de la situación.

"Así que anímense unos a otros con estas palabras".
(1 Tesalonicenses 4:18)

Nuestras palabras pueden provocar cambios en el ánimo de otra persona, pueden cambiar el ambiente de cualquier lugar: tu casa, universidad, el trabajo y la iglesia. Inténtalo, lleva palabras de alegría y verás cómo cambias todo. Recuerda que debemos ser sal y luz; y las palabras son una gran herramienta para ello. Es un poder dentro de ti.

En medio de una situación difícil las palabras pueden cambiar, no la situación, pero sí el ambiente y el

ánimo de los demás e inclusive el de nosotras mismas.
Necesitamos hablar de lo que creemos; tenemos que
hablar y proclamar bendición en nuestras vidas y en
la de quienes nos rodean. Tenemos que aprovechar
que vivimos en un país donde no somos censuradas,
donde podemos defender nuestras posturas, donde
podemos levantar nuestra voz, donde la mujer puede
ser líder, donde podemos proclamar el Evangelio sin
ser perseguidas.

Con el uso del poder de las palabras, propongá-
monos ser agentes de cambio e influencia positiva a
todo el que nos rodea. Si no tenemos la oportunidad
de bendecir a todos a través de los actos de servicio,
hagámoslo, al menos, con las palabras.

✦ La oración

Otro gran poder relacionado a nuestras palabras es la
oración. En realidad, si lo piensas bien, la oración es
como tener un súper poder. Imagina la escena: una
"simple mortal" hablando con Dios, y no solo es el
hecho de que hablas con Él, sino que Él te escucha y
responde.

Es como de película, porque resulta que esa "simple
mortal" es su hija. Somos hijas de Dios, somos hijas
del Rey de reyes, quien no solo nos escucha, también
nos responde.

"Clama a mí y te responderé, y te daré a conocer cosas grandes y ocultas que tú no sabes".
(Jeremías 33:3)

Tienes que tener la confianza de acercarte a Dios en oración. Es un hecho que a las mujeres nos encanta hablar y expresar, con detalles, lo que sentimos. Pues, se supone que orar sea fácil para nosotras, ¿o no? ¡Claro que sí!

Hoy te reto a usar el poder de tus palabras. Recuerda que tus palabras tienen poder, son influencia para otros y te conectan con tu Padre en oración.

✦ El servicio

"Pues ustedes, mis hermanos, han sido llamados a vivir en libertad; pero no usen esa libertad para satisfacer los deseos de la naturaleza pecaminosa. Al contrario, usen la libertad para servirse unos a otros por amor". (Gálatas 5:13)

Servir es un súper poder raro y les voy a explicar el porqué. Cuando hablo de servicio puedes pensar cuando sirves en la iglesia o en algún ministerio, pero servir está más allá de cuatro paredes. Creo que es un poder raro, porque servir conlleva esfuerzo (muchas veces sacrificio) y aunque físicamente podamos terminar cansadas, hay una energía, una satisfacción tan grande que va por encima de la labor física que hayamos realizado.

Servir le debe dar sentido a nuestra vida. El servicio a otros nos permite dejar de enfocarnos en nosotros y en nuestras situaciones, para prestar atención a lo que sucede a nuestro alrededor. Nos ayuda a ser empáticas y a brindar esperanza a quien la necesita.

Tenemos el poder de ayudar a otros y en el proceso sentirnos bien, probablemente mucho mejor que antes de servir. Es importante destacar que para servir se requiere humildad.

"Y el que de vosotros quiera ser el primero deberá ser el siervo de los demás".
(Marcos 10:44)

Ser servicial es algo que puedes tener en tu personalidad de manera natural, pero también es algo que puedes desarrollar. Necesitamos aprender a servir en todo lugar de manera desinteresada. Jamás el egoísmo ha podido llenar la vida humana; siempre la deja con un gran vacío.

Jamás el egoísmo ha podido llenar la vida humana, siempre la deja con un gran vacío.

Deja de pensar en ti y piensa en los demás. Ten por seguro que alguien estará pensando en ti y Dios lo enviará a ayudarte.

Basta de vivir solo para nosotros; que en todo lugar se note que somos servidores, no solo en la iglesia. Busquemos acercar a otros a Jesús a través de nuestro servicio. Hay personas que serán tocadas por nuestras palabras y otras por nuestro servicio.

"No nos cansemos, pues, de hacer bien; porque a su tiempo segaremos, si no desmayamos".
(Gálatas 6:9)

✦ **El tercer punto es el mayor poder que está en ti: el AMOR.**

No voy a escribir del amor en una forma romántica, tampoco en una forma religiosa, sino del amor en una forma práctica.

"Queridos amigos, ya que Dios nos amó tanto, sin duda nosotros también debemos amarnos unos a otros. Nadie jamás ha visto a Dios; pero si nos amamos unos a otros, Dios vive en nosotros y su amor llega a la máxima expresión en nosotros".
(1 Juan 4:11-12)

Muchas veces queremos que todo en nuestra vida mejore, que todo cambie para bien, que todo crezca, que todo produzca frutos o como quieras verlo, pero fallamos en lo más simple, en lo más básico... fallamos en vivir en amor. Podemos tener fe y creer por grandes cosas, pero la fe no es lo más importante; el amor sí lo es.

"Tres cosas durarán para siempre: la fe, la esperanza y el amor; y la mayor de las tres es el amor".
(1 Corintios 13:13)

La mayor de las tres es el amor. Dios es AMOR.
En una prédica del pastor Otoniel Font aprendí que el mayor poder en nosotros es el amor. Él dijo: *"La fe no es el más grande. Tampoco la esperanza. Aunque ambas son importantes y necesarias. "Todo obra para bien para aquellos que aman al Señor". No es la fe la que hace que todo obre para bien... ¡es el amor! Los que aman a Dios tienen la certeza de que todo en su vida obra para bien. ¿Quiénes? ¡Los que aman!"*

No se puede comparar el hablar la Palabra de Dios o el servir a los demás con amar; hay una gran diferencia. Este poder dentro de nosotros es el mayor, es la misma esencia de nuestro Dios. El amor comienza con Dios, así que tenemos que aprender a amarlo. Ya Él nos amó primero y eso no está en discusión, pero tenemos que conocerlo para llegar a amarlo de verdad. Cuando logras esto, podrás amarte verdaderamente, ya que tu amor hacia ti mismo radica en el valor que tienes en Él.

Tu identidad viene de Dios, tu Padre, y cuando conozcas tu lugar como hija, te amarás y te valorarás aún más. Luego, aprenderás a amar a tu prójimo, amigos y enemigos, familiares y extraños. Claro, a todos no los amamos igual, pero el amor conlleva respeto, valor y empatía.

Para mostrar amor dondequiera que estemos debemos aprender a controlar nuestras actitudes. No significa que vamos a caminar sobre una nube y que no nos podemos enojar. Para todo hay espacio y esas emociones son válidas. Sin embargo, tenemos que reconocer que muchas veces desaprovechamos las oportunidades de actuar en amor y nos dejamos llevar por cómo nos trata el otro, por nuestro humor, por el cansancio, el hambre o cualquiera que sea la razón que nos lleve a no dar lo mejor de nosotras.

Nuestro accionar debe ser amar por encima de todo. Actuar en amor no siempre es fácil, mucho menos si las circunstancias no son las "apropiadas", las "deseadas" o las "ideales". Vivir en amor lo transforma todo y comienza con transformarnos a nosotras primero.

Dentro del amor deben estar la lealtad, la fidelidad, el amor incondicional, conocer nuestros límites, saber escuchar, ser honestos, cuidar los sentimientos propios y los de los demás. Pensar con claridad, pensar antes de hablar, mejorarte cada día, identificar tus faltas y dedicarte a trabajarlas. No poner como excusa tus "defectos", esforzarnos para ser un buen ejemplo y así poder crear una generación de niños sanos. Si no tuvimos un hogar sano, eso no debe ser impedimento para que hagamos la diferencia.

Usemos estos tres poderes (palabras, servicio y amor) y hagamos la diferencia en todas las áreas de nuestra vida.

Estos tres poderes están en nosotras, porque Dios los puso ahí. Poniéndolos en acción podremos dar testimonio de lo que Dios ha hecho en nuestras vidas, y de lo que nosotras hacemos por Él. Con nuestras palabras, actos de servicios y una vida llena de amor podremos acercar a muchas personas a Jesús. Recuerden que nosotros somos iglesia y nuestras vidas pueden ser la única Biblia que algunos leerán. Vivamos de tal manera que los demás vean a Jesús y se animen a tener una relación con Él.

"Por lo tanto, imiten a Dios en todo lo que hagan porque ustedes son sus hijos queridos. Vivan una vida llena de amor, siguiendo el ejemplo de Cristo. Él nos amó y se ofreció a sí mismo como sacrificio por nosotros, como aroma agradable a Dios". (Efesios 5:12)

Descubre tu identidad

Desde pequeña aprendí que Dios es todopoderoso, omnisciente y omnipresente, es decir, que tiene todo poder, que lo sabe todo y está en todas partes. También me enseñaron, a modo de amenaza, que Él sabe todo lo que hago y pienso. Creo que a muchos niños nos hacían ver a Dios con temor para que hiciéramos las cosas bien por miedo a su castigo. No recuerdo que me hayan enseñado que yo podía tener una relación con Él. Crecí pensando que Dios, el Creador del universo, me castigaría si me portaba mal. Ahora, en mi adultez, puedo celebrar que lo conozco de otra manera; no solo creo en Él, sino que me relaciono con Él. Reconozco que Dios es quien me ha dado identidad y que todo lo que soy es gracias a Él.

"¡Fíjense qué gran amor nos ha dado el Padre, que se nos llame hijos de Dios! ¡Y lo somos! El mundo no nos conoce, precisamente porque no lo conoció a él".
(1 Juan 3:1)

Creo que todos tenemos una constante búsqueda sobre qué es la vida, y no entendemos cuál papel juega Dios en ella. Hace varios años supe una verdad que me cambió. En realidad, el cambio no surgió al saber esa verdad, sino al creerla y comenzar a vivirla. Para ti puede parecer simple, pero internalizar y tener la revelación de esta verdad me dio libertad, alegría, propósito, paz, confianza, entendimiento, gozo y seguridad. Esta verdad no es un secreto, quizás no te hace cambiar de manera instantánea, pero si meditas en ella y la vives, algo empezará a ser transformado en ti. La verdad que me cambió fue conocer que mi verdadera identidad está basada en la paternidad de Dios. Sí, Dios es nuestro Creador, ¡pero también es nuestro Padre!

Dios no es cualquier padre, no es como el que tienes o tuviste. Él es incomparable; ningún buen padre lo puede igualar. Cuando lo ves como tu Padre y te ves como su hija amada, entonces comienzas a ser consciente de que Él solo quiere el bien para ti.

"Cuando lo ves como tu padre, y te ves como su hija amada, entonces comienzas a ser consciente de que Él solo quiere el bien para ti.

Cuando descubrí mi identidad como hija de Dios, aprendí a amarlo de verdad. Me pude ver reflejada en su Palabra, pude apropiarme de sus promesas, aprendí a vivir confiada y a llevar la corona que me correspondía. Cuando aceptes que eres su hija, aprenderás a amarlo y a obedecerlo.

"Mas a todos los que le recibieron, a los que creen en su nombre, les dio potestad de ser hechos hijos de Dios;"
(Juan 1:12)

Puedes encontrarte en Él por medio de su Palabra. Te aseguro que si buscas, encontrarás las respuestas a todas tus preguntas. Imagina que estás en alguna hermosa playa de Puerto Rico (porque las playas de mi país son maravillosas), sientes en tu piel el calor de sol, y como quema tu piel. No te molestan las altas temperaturas porque deseas broncearte, para eso has ido a la playa. Todos notarán que estuviste expuesta al sol porque será imposible ocultar tu piel bronceada.

Así mismo debe suceder cuando te expones a la Palabra de Dios y a su amor; tiene que ser visible a los ojos de los demás. Definitivamente, cuando abrimos nuestro corazón a la luz de Señor, todo cambia… ya no somos las mismas. Ese cambio fue el que experimenté y anhelo que tú también lo vivas.

Cuando comprendemos su amor y el valor del sacrificio que hizo por nosotras, no podemos hacer otra cosa que adorarlo. Cuando reconocemos que todo en nuestra vida obra para bien y que hay propósito en todo lo que ocurre, solo debemos alabarlo y confiar en su providencia.

El amor de Dios es desinteresado, profundo, eterno, sublime, lo abarca todo. No hay nada que podamos hacer para ganarnos ese amor, pero Él decide darlo. Su amor está en ti, sobre ti, alrededor de ti y debajo de ti. No puedes escapar de su amor. No puedes escapar de su bondad. No puedes escapar de su llamado; y no puedes escapar de sus bendiciones.

Te invito a que descubras tu identidad en Dios. Si has llegado hasta este capítulo entenderás que tú también fuiste o eres reina. Reina, aquella que piensa que se lo merece todo, la que le gusta que le rindan pleitesía, la que se cree mejor a los demás, la que vive de manera superficial. Quiero hacerte una invitación para que cambies tu posición y escojas ser una princesa, esa que obedece a su Rey, que entiende su valor y posición, la que cuida de sí y de los suyos con amor, la que entiende su valor como hija de Dios.

En Cristo la felicidad, la paz, el gozo, la seguridad, la misericordia, la libertad y el perdón son garantizados. Si nunca has experimentado un amor así, te invito a hacer conmigo la siguiente oración:

Señor, hoy reconozco que eres mi Padre. Recibo tu amor, protección y cobertura en mi vida. Te pido perdón por todos mis pecados, te entrego mi corazón para que lo inundes con tu amor. Necesito que guíes mis pasos, que me alinees a tus sueños y me ayudes a lograrlos para darte gloria y honra. Quita todo lo que no te agrade y hazme nueva en ti. Acepto que soy tu hija y decido cambiar mi posición de reina a princesa. En el nombre de Jesús, amén.

Referencias

Consultas en línea:

Capítulo: Renovadas
https://www.buenasnuevas.live/comunidad/testimonios/exmodelo-de-victorias-secret-renuncia-a-su-trabajo-para-seguir-a-jesus-y-emite-una-advertencia-clara-para-las-jovenes/

https://www.noticiacristiana.com/evangelismo/2017/03/porno-actriz-deja-pastora.html

Capítulo: Dios, Gracias por todo
https://www.padrenuestro.net/pajaro-angel-cuentos-valores/

Amneris Meléndez
Miss Puerto Rico Teen 1999

Acerca de la autora

Amneris Meléndez Díaz es una comunicadora innata, cuya pasión es llevar a las mujeres, hablando o por escrito, el mensaje que necesitan. Desde que conoció al Señor, disfruta más que nunca comunicar a otros el único mensaje que es capaz de transformar el corazón humano.

En esta su segunda obra, la autora nos urge a descubrir y adoptar nuestra verdadera identidad como hijas, siendo testimonio de primera mano de esta poderosa revelación que transformará tu vida y te llevará a ver a Dios en los pequeños detalles de cada día.

Durante los últimos 5 años ha empoderado a varios escritores para que logren publicar sus libros, y lleguen a muchos lectores alrededor del mundo.

Reside en Puerto Rico junto a su esposo, Gaby Alicea, y sus hijos, Abner y Ryan.

Facebook: @amnerismelendezdiazpr
Instagram: @amnerismelendez
Email: a.melendezdiaz@gmail.com